高职高专系列教材

管理原理与实务
——中层管理者读本

黄志平　蒋寒宇　罗淞译　沈宇红　编

机械工业出版社

本书将中层管理者真实管理工作情境（工作内容、工作流程），按照建构主义+联通主义学习理论倡导的"以学习者为中心"原则，设计为由若干学习活动流组成的学习过程。学习内容包括计划、组织、领导、控制四类工作任务、十二个学习性工作项目，以帮助中层管理者（或即将进入者）在近似真实的职场环境中获得所需要的知识和技能。

本书虽然是以高职院校学习者为主要对象，其实也非常适合本科院校学生、身在职场的员工和感兴趣的社会读者使用。另外，如果教师能结合诸如"学堂在线"等在线学习平台，就能帮助学习者实现"无时无地"有效管理学习过程，获得更佳的学习效果。

为方便教学，本书配备电子课件等教学资源。凡选用本书作为教材的教师均可登录机械工业出版社教育服务网 www.cmpedu.com 下载。同时，还可登陆 http://moocl.chaoxing.com/course/201780839.html 进入本书线上课程，使用本书相关配套教学资源。咨询电话：010-88379375；联系QQ：945379158。

图书在版编目（CIP）数据

管理原理与实务：中层管理者读本／黄志平等编.
—北京：机械工业出版社，2018.8（2021.7重印）
高职高专规划教材
ISBN 978-7-111-60654-3

Ⅰ.①管… Ⅱ.①黄… Ⅲ.①管理学-高等职业教育-教材 Ⅳ.①C93

中国版本图书馆CIP数据核字（2018）第179918号

机械工业出版社（北京市百万庄大街22号　邮政编码100037）
策划编辑：孔文梅　　责任编辑：孔文梅　张美杰
责任校对：王　欣　　封面设计：鞠　杨
责任印制：单爱军
北京虎彩文化传播有限公司印刷
2021年7月第1版第4次印刷
210mm×285mm·15.5印张·440千字
标准书号：ISBN 978-7-111-60654-3
定价：48.00元

电话服务　　　　　　　　　网络服务
客服电话：010-88361066　　机　工　官　网：www.cmpbook.com
　　　　　010-88379833　　机　工　官　博：weibo.com/cmp1952
　　　　　010-68326294　　金　书　网：www.golden-book.com
封底无防伪标均为盗版　机工教育服务网：www.cmpedu.com

前 言 | PREFACE

美国科幻小说作家威廉姆·吉布森说过一句话:"未来已经来临,只是尚未流行!"国内高职院校的"管理学基础""管理原理""管理概论"课程,该教给我们什么样的管理知识与技能,同样到了该变革的时候了。

1 » 管理的力量,超出你的想象

经济学家罗纳德·哈里·科斯(Ronald Harry Coase)于1937年发表了论文《企业的性质》(The Nature of the Firm),阐明了交易成本是"企业"这种组织产生的内在因素,因为企业的内部运行机制(靠"管理"所建立的)比市场机制更节省交易成本(表现为"效率")。

1991年,科斯因为这项开创性的研究成果荣获诺贝尔经济学奖。

这揭示了管理的价值,显示了管理的力量。

企业家正是制造这种力量的核心人物,其薪酬和财富是普通员工的数十倍、数百倍甚至数千倍,就是管理这种力量的世俗化表现。

2 » 管理,改善你我的生活

不要以为管理中的智慧只能应用于企业,简洁高效的原则更有助于我们改善自己的生活。其实,那些影响深远的管理原理,都是源自身边的发现。

"科学管理之父"弗雷德里克·温斯洛·泰勒(Frederick Winslow Taylor)提出的"科学管理原理",正是源自他在伯利恒钢铁公司工作期间的发现,开创了管理成为科学的征程。

2018年,阿里巴巴市值突破5 000亿美元。

1999年,杭州师范学院外语系毕业的马云创办了阿里巴巴,并将其打造成全球知名的电子商务公司。"双十一"改变了无数人的生活。管理学的智慧也早已超越商业世界的边界,走进了每个人的生活。

泰勒、马云,还有你我……有没有意识到管理会让你的生活大不一样?最近50年,人类所创造的财富远远超过以往任何时代,这都归功于管理学。

3 >> 作家柳青在《创业史》中写了一句经典的话:人生的道路虽然漫长,但紧要处常常只有几步。那我们就赶紧迈进管理之门,走出生活最精彩的篇章。

这门课能给你什么?

(1) 学习解决真实的问题

管理学的本质,是解决问题。

管理学要帮助人们进入特定情境,培养出识别、分析、解决问题的思维和能力。

这门课程会涉及很多来自身边的真实问题,是需要以"做中学、学中做"的方式来完成的。这种方式是职业教育中的行动导向教学方法所倡导的,也是哈佛大学商学院的优秀传统。

(2) 体验掌握人生

"我的地盘我做主。"

我们总想掌握自己的人生。

其实,解决管理问题,说到底就是要做出数不清的"决策"。人生就是由深深浅浅的"决策"铺就的路。

做正确的事,走自己的路。

这些你早晚都会遇到的管理问题"决策场景",就让我们在这门课的学习过程中,抢先体验一会儿吧(不算是"纸上谈兵")。

(3) 发现管理的前沿

管理的前沿主要有两个方面:研究者的理论和实践者的实践。

在课程里,你会看到经济学、心理学、社会学,甚至脑科学的最新理论成果,它们曾经塑造了管理的历史,正在塑造管理的未来。

在课程里,你也会看到鲜活的管理者所经历的管理实践和栩栩如生的人性认知,让你身临其境。

(4) 学习如何影响他人

人聚合在一起才存在管理问题,人聚合的典型形式就是组织。组织是完成特定使命的人有系统地组合成的团体。

管理问题,也可以说是人的问题。

能够聚合人,就能聚合任何资源。这是学管理、做管理的出发点。这门课程会和你分享人际关系的处理技巧和有效的处世方法。

恭喜你！！！

最终，你通过艰苦的修炼"破茧而出"，成为真正能解决问题的中层管理者。

但是，这门课绝不是万能的，它不能给你什么？

这门课程不能教会你怎么赢得 CEO（首席执行官）、总经理职位，甚至也没有打算传授给你做一名合格 CEO、总经理的秘籍，这不是这门课的职责。

我们只关注中层管理者的修炼！

另外，这门课不能让你成为管理学的理论大家，写出漂亮的论文，申请到科研课题。我们要的是解决实际问题的能力（工具与方法），要能搞好企业，这也就注定了这门课不是管理者的心灵鸡汤。

4 >> 如何学好这门课？

马丁·路德·金（Martin Luther King）说过这样一段话：假如你命该扫街，就扫得有模有样。

  一如米开朗琪罗在画画，
  一如莎士比亚在写诗，
  一如贝多芬在作曲。
  学习莫不是如此！

微软公司前战略合作总监刘润认为，人的一生只能学会三件事：知识（Knowledge）、技能（Skill）、态度（Attitude）；学习只干三件事：**用脑学习知识，用手学习技能，用心学习态度，把知识学以致用，把技能练成艺术。**

《学得更好》的作者乌尔里希·伯瑟也提出，如果人们要高效地学习，应当在学习过程中遵循这样的步骤：**寻找动机、设立目标、反复练习与自我检查，以及形成关联。**

另外，还有一个建议：请把你学到的知识给同事、朋友、团队成员讲一遍。输出思考是获得知识的重要方式，只有用通俗易懂的方式让大家都明白，你才得到了管理的"真传"。

5 >> 什么人适合使用本书？

《管理原理与实务》是系列化的学习材料库（资源包/教材），分为初级、中级和高级三册，分别对应基层、中层和高层管理者的工作过程与职业技能。每级《管理原理与实务》均包含图文版、漫画版（机械工业出版社出版）和课程手册（重庆大学出版社出版）。2018年率先出版的是《管理原理与实务——中层管理者读本》的图文版、漫画版和课程手册三本书。

本书虽然主要面向高职高专院校学习者，但也适合本科院校学习者，以及有兴趣的非在校学习者使用。

6》 谁写的？

《管理原理与实务——中层管理者读本（图文版）》由重庆电子工程职业学院组织编写，黄志平（财经管理学院院长）、蒋寒宇（财经管理学院综合办公室主任）主编，罗淞译（数字传媒艺术学院教师）、沈宇红（智能制造与汽车学院教师）等参与编写，黄志平、陈蓉（数字传媒学院动漫1701班学生）、刘良懋（数字传媒学院动漫1701班学生）负责插图绘制。

我们是站在前人的肩膀上编写这本书的，只有撷取了最优秀的管理成果，才有价值，才有生命力。本书文献资料的版权归属原始作者所有，我们非常尊敬和感谢这些作者，并尽可能标注详细出处（若读者感兴趣，可以直接阅读原文）。"没有最好，只有更好"是我们的追求，但限于作者的认知、经验，书中可能存在疏忽、遗漏或者错误，诚恳希望使用者批评指正。

备注：

本书是重庆市高等教育教学改革研究重大项目"高职混合学习课程开发与开放研究"的研究成果，也是重庆市高等职业院校专业能力建设（骨干专业——电子商务）项目在线学习课程、高等职业教育创新发展行动计划的省级精品资源在线课程、重庆市优质高等职业院校建设项目重点建设课程。

扫描二维码联系作者

重庆市虎溪大学城　2018年6月28日

使用导览

学习不是为了拥有知识,而是为了解决问题;持续的激情永远来源于自己的内心,而不是外在的别人的鼓励。

美国教育研究者乌尔里希·伯瑟(Ulrich Boser)在《学得更好》(*Learn Better*)一书中提出,高效学习者应当遵循的步骤或原则是:"寻找动机、设立目标、反复练习与自我检查以及形成关联。"

1 » 寻找动机

学习是需要动机来支撑的,找到自己学习的动机,学习的理由。人们的学习动机可以是功利性的,也可以是非功利性的。研究证实,人们越是意识到学习会给自己带来的价值,主动学习或持续学习的动力就越充足,越会认真学习。

2 » 设立目标

将模糊的学习动机转化为具体可衡量的目标,让学习过程更清晰透明,比如:本学期通过四级英语考试、技能大赛入围国赛等。学习目标可以带来方向感,也可为学习效果的评价提供依据。

3 » 反复练习与自我检查

反复练习基于强化原理来逐步巩固学习效果,增强对学习内容的长时记忆,而自我检查则通过应用、反思等方式验证学习效果,尤其是用自己的语言重新解释所学习的内容,是有效的做法。

4 » 形成关联

建构主义学习理论告诉我们,新的概念、技能是需要通过人们原有的知识经验来理解和固化的,因此,有意识地将新的学习内容与以前的知识经验关联起来,或者刻意将自己置身学习内容关联的现实场景,就能更好地接纳新事物。

此外,乌尔里希·伯瑟在书中还给出了一些有趣的发现:用积极眼光看待自己的人会学得更好,无偏见、思维开放的人能学习更多的事物,接受"自己会犯错"的人能更好地学习,睡得足够的人能学得更好,具备元认知(即对思考的思考)能力的人能学得更好。

学习者如何使用这本书？

学习者需要更好地使用这本书，建议事先仔细阅读"学习者使用导览图"（如图0-1所示），以使得你的学习活动更为有效。

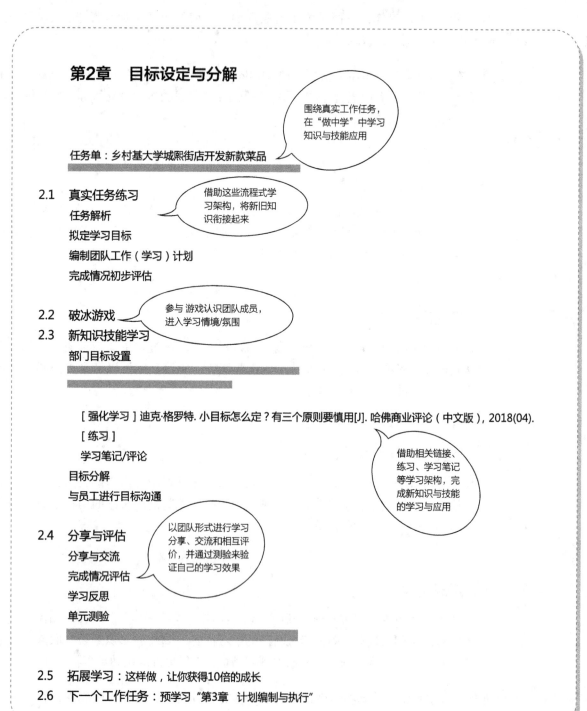

图0-1 学习者使用导览图

教师如何使用这本书?

除了与学习者一样的使用方式外,教师教学中的使用痛点是本书中的任务、练习和单元测验,本书的内容全是情境化的真实问题。图0-2是教师使用导览图。

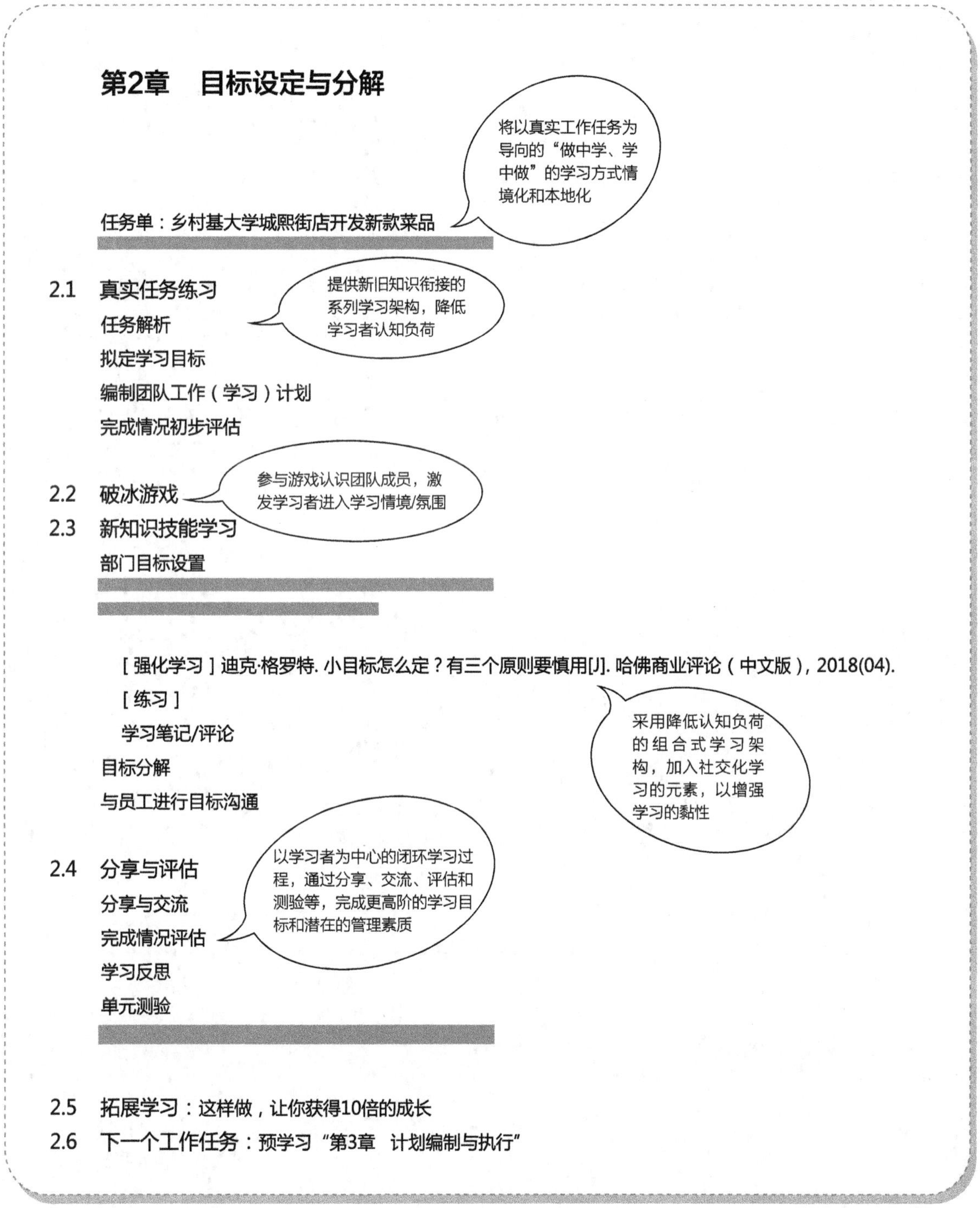

第2章 目标设定与分解

> 将以真实工作任务为导向的"做中学、学中做"的学习方式情境化和本地化

任务单:乡村基大学城熙街店开发新款菜品

2.1 真实任务练习
　　任务解析
　　拟定学习目标
　　编制团队工作(学习)计划
　　完成情况初步评估

> 提供新旧知识衔接的系列学习架构,降低学习者认知负荷

2.2 破冰游戏

> 参与游戏认识团队成员,激发学习者进入学习情境/氛围

2.3 新知识技能学习
　　部门目标设置

[强化学习] 迪克·格罗特. 小目标怎么定?有三个原则要慎用[J]. 哈佛商业评论(中文版), 2018(04).
[练习]
　　学习笔记/评论
　　目标分解
　　与员工进行目标沟通

> 采用降低认知负荷的组合式学习架构,加入社交化学习的元素,以增强学习的黏性

2.4 分享与评估
　　分享与交流
　　完成情况评估
　　学习反思
　　单元测验

> 以学习者为中心的闭环学习过程,通过分享、交流、评估和测验等,完成更高阶的学习目标和潜在的管理素质

2.5 拓展学习:这样做,让你获得10倍的成长
2.6 下一个工作任务:预学习"第3章 计划编制与执行"

图0-2 教师使用导览图

本书是基于建构主义学习理论来设计的，选用学习者就近的高情境化案例，以符合教育家维果茨基的"最近发展区"理论，让学习者能够凭借自己既有的知识和经验，进入工作任务所设定的真实情境中，真正实现"做中学、学中做"。

其实，教材是通用的，任务、案例也是如此，但我们建议教师也可以使用自己的一部分本地化案例。也就是说，要用自己本地类似的企业、产品或市场置换教材中预设的任务或案例，其余要素保持不变，包括情境（背景）、问题和要求等。比如，第一个任务单是"乡村基大学城熙街店开发新款菜品"，教师只需要用当地知名的中式快餐企业代替"乡村基"就可以了。

目录 CONTENTS

前言
使用导览

第1部分　计划 ··· 001

第1章　如何做管理者？ ·· 002

任务单：乡村基大学城熙街店开发新款菜品 ·· 002

1.1 真实任务练习 ··· 003
1.2 破冰游戏 ·· 006
1.3 新知识技能学习 ··· 006
　　　转换职业身份 ··· 007
　　　组建管理团队 ··· 009
　　　结构化思维 ··· 010
　　　有效分配时间（精力） ·· 015
　　　开展团队工作 ··· 018
1.4 分享与评估 ··· 020
1.5 拓展学习　管理要解决的三个效率问题 ··· 022
1.6 下一个工作任务 ··· 023

第2章　目标设定与分解 ·· 024

任务单：乡村基大学城熙街店开发新款菜品 ·· 024

2.1 真实任务练习 ··· 025
2.2 破冰游戏 ·· 027
2.3 新知识技能学习 ··· 027
　　　部门目标设置 ··· 028
　　　目标分解 ·· 032
　　　与员工进行目标沟通 ··· 036
2.4 分享与评估 ··· 038

2.5 **拓展学习** 这样做，让你获得 10 倍的成长 ········ 040

2.6 **下一个工作任务** ········ 040

第 3 章 计划编制与执行 ········ 041

任务单：乡村基大学城熙街店开发新款菜品 ········ 041

3.1 **真实任务练习** ········ 042

3.2 **破冰游戏** ········ 044

3.3 **新知识技能学习** ········ 045
    决策 ········ 045
    工作任务分解 ········ 049
    资源配置 ········ 052
    计划书编制 ········ 056
    执行计划 ········ 058

3.4 **分享与评估** ········ 059

3.5 **拓展学习** 一文搞定"选择困难症"
    ——《决断力：如何在工作与生活中做出更好的选择》········ 061

3.6 **下一个工作任务** ········ 061

第 2 部分 组织 ········ 063

第 4 章 流程设计与组织结构搭建 ········ 064

任务单：重庆商社 4S 店组建 P8 产品事业部 ········ 064

4.1 **真实任务练习** ········ 065

4.2 **破冰游戏** ········ 067

4.3 **新知识技能学习** ········ 067
    核心业务流程界定与优化 ········ 069
    设计组织结构 ········ 075
    划分岗位职责权限 ········ 079

4.4 **分享与评估** ········ 081

4.5 **拓展学习** 如何认识比自己优秀的人？ ········ 083

4.6 **下一个工作任务** ········ 083

第5章 人员配置 ... 084
任务单：重庆商社 4S 店组建 P8 产品事业部 ... 084
5.1 真实任务练习 ... 085
5.2 破冰游戏 ... 087
5.3 新知识技能学习 ... 088
岗位人员需求分析 ... 088
工作分析与职位说明书编写 ... 088
人员甄别/选拔 ... 090
人员定向 ... 097
5.4 分享与评估 ... 097
5.5 拓展学习 京东如何用四张表管理 7.5 万人？ ... 100
5.6 下一个工作任务 ... 100

第6章 建立制度与规范 ... 101
任务单：重庆商社 4S 店组建 P8 产品事业部 ... 101
6.1 真实任务练习 ... 102
6.2 破冰游戏 ... 104
6.3 新知识技能学习 ... 104
设计制度框架 ... 105
编写制度文本 ... 107
形成规范 ... 107
6.4 分享与评估 ... 109
6.5 拓展学习 为什么从小我们就被要求必须有礼貌？ ... 112
6.6 下一个工作任务 ... 112

第3部分 领导 ... 113

第7章 指挥下属 ... 114
任务单：重庆万达文化旅游城中华传统老字号主题商业街区项目运营管理 ... 114
7.1 真实任务练习 ... 115
7.2 破冰游戏 ... 117

7.3	新知识技能学习	117
	增强影响力	118
	识人善用	119
	组织会议	122
	给下属委派任务	125
7.4	分享与评估	127
7.5	拓展学习　优秀的员工敢于向上管理老板	129
7.6	下一个工作任务	129

第8章　激励下属 ………………………………………………… 130

任务单：重庆万达文化旅游城中华传统老字号主题商业街区项目运营管理 …… 130

8.1	真实任务练习	131
8.2	破冰游戏	133
8.3	新知识技能学习	133
	识别下属需求（动力源）	135
	设计激励机制	137
	选择激励形式	138
	设计薪酬制度	140
	测量激励效果	142
	管理者自我激励	142
8.4	分享与评估	143
8.5	拓展学习　史玉柱：我是如何让员工死心塌地跟随我的？	145
8.6	下一个工作任务	145

第9章　有效沟通与协调 ………………………………………… 146

任务单：重庆万达文化旅游城中华传统老字号主题商业街区项目运营管理 ……… 146

9.1	真实任务练习	147
9.2	破冰游戏	149
9.3	新知识技能学习	149
	与上司沟通	150
	与下属沟通	151
	与同级（部门）沟通	154
	冲突处理	155

　　　　管理负面情绪 ··· 156

9.4 分享与评估 ·· 157

9.5 拓展学习　做一个会讲故事的人，用故事打动别人 ···················· 158

9.6 下一个工作任务 ··· 159

第10章　打造高效团队 ·· 160

任务单：重庆万达文化旅游城中华传统老字号主题商业街区项目运营管理 ········ 160

10.1 真实任务练习 ·· 161

10.2 破冰游戏 ·· 163

10.3 新知识技能学习 ·· 163

　　　　识别团队人际关系 ··· 164

　　　　营造团队氛围 ··· 169

　　　　处理团队冲突 ··· 174

　　　　抑制"搭便车"现象 ··· 176

　　　　塑造团队精神 ··· 177

10.4 分享与评估 ·· 178

10.5 拓展学习　公司不是一个家 ·· 182

10.6 下一个工作任务 ··· 182

第4部分　控制 ··· 183

第11章　绩效考核 ·· 184

任务单：中国银联"云闪付"产品市场拓展绩效管理 ··························· 184

11.1 真实任务练习 ·· 185

11.2 破冰游戏 ·· 187

11.3 新知识技能学习 ·· 187

　　　　制订绩效计划 ··· 189

　　　　绩效沟通与辅导 ·· 194

　　　　绩效考核与反馈 ·· 197

　　　　绩效诊断与改进 ·· 202

11.4 分享与评估 ·· 203

11.5 拓展学习　海底捞张勇谈管理 ··· 206

11.6 下一个工作任务 206

第12章 绩效改进 207

任务单：中国银联"云闪付"产品市场拓展绩效管理 207

12.1 真实任务练习 208

12.2 破冰游戏 210

12.3 新知识技能学习 211

  绩效结果运用 211

  绩效诊断 212

  制订员工发展计划 215

12.4 分享与评估 219

12.5 拓展学习　阿里HR全揭秘：阿里面试、晋升、层级、培训体系 221

附　录 223

附录A　盖洛普Q12员工敬业度测评量表 224

附录B　你的沟通能力如何？ 226

附录C　托马斯–基尔曼冲突方式量表 228

附录D　组织氛围调查问卷 231

第 1 部分

计划

第 1 章 　如何做管理者？ // 002

第 2 章 　目标设定与分解 // 024

第 3 章 　计划编制与执行 // 041

第1章 如何做管理者？

箴言：学习不是为了拥有知识，而是为了解决问题。

任务单：乡村基大学城熙街店开发新款菜品

乡村基重庆投资有限公司是米饭快餐服务商，以"直营连锁+标准化+中央配送"方式开设400余家餐厅，拟针对重庆市大学城外卖市场开发新款菜品，预计这款菜品的生命周期为1.5~2年，由乡村基大学城熙街店负责配送。

乡村基连锁店

任务：你被授权负责这项工作的计划编制，要求在1周内完成团队组建、进入管理者角色，并熟悉结构化思维与表达、时间效率管理技巧。

1.1 真实任务练习

任务解析

> **团队对任务单中问题的理解：**
>
>
>
>
>
> **教师对任务单中问题的理解：**
>
> 管理者的首要任务是，学习从心态、理念与行为习惯方面转变自己，使自己成为管理者，具体工作是组织"新款菜品开发"过程，结果是提交所编制的一份结构化、数据化、可视化的计划书（文档）。
>
> **预备知识与技能**：会使用思维导图、会使用阿里"钉钉"App（应用程序）、略知中餐经典菜谱。
> **新知识**：企业、管理与管理者、PDCA 循环。

阿里"钉钉"操作界面如图 1-1 所示。

图 1-1 阿里"钉钉"操作界面

拟定学习目标

课程学习目标：

形成务实严谨的工作态度与良好的人际关系，使用数学或结构化逻辑思维分析与理解问题，文字组织条理清晰、表达流畅；能够完成管理团队组建、结构化思维与表达、有效分配时间（精力）。

个人学习目标：

编制团队工作（学习）计划

团队共同讨论制订完成本期工作任务的计划，并填写在表 1-1 中。

表 1-1 团队工作（学习）计划表

年 月 日— 年 月 日

周日	周一	周二	周三	周四	周五	周六
周日	周一	周二	周三	周四	周五	周六

完成情况初步评估

工作任务完成情况评估雷达图(范例)如图1-2所示。

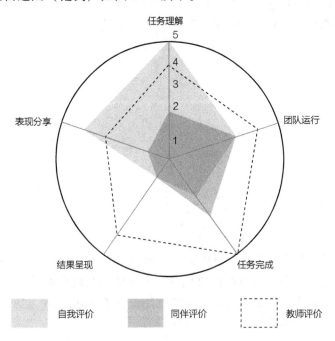

图1-2 工作任务完成情况评估雷达图(范例)

工作任务完成情况评估雷达图如图1-3所示。

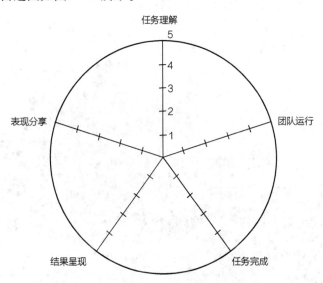

图1-3 工作任务完成情况评估雷达图

注:从"任务理解、团队运行、任务完成、结果呈现、表现分享"五个维度,对本工作任务学习及完成情况,分别由自我、同伴、教师(师傅)进行评估,用颜色笔以5分制(分值越大越好)将评估结果绘制在图1-3上。

1.2 破冰游戏

用击鼓传花的形式,随机抽点两位学习者(1男1女)并给予2分钟准备时间,然后由两位学习者分别进行3分钟情境表演——做"班长"。再请其他学习者点评谁更像"**管理者**",列出像管理者的理由,最后将自己与台上学习者进行比较,思考如何让自己的思维、举止、言谈更像"**管理者**"。(或者随机选一位同学,讲一个不超过5分钟的好故事,请其他同学点评。)

1.3 新知识技能学习

  转换职业身份
  组建管理团队
  结构化思维
  有效分配时间(精力)
  开展团队工作

让我们先回顾历史。把产品制造工作进行拆解的做法最早出现在1798年。有个商人承接了为美国军队制造1万支火枪的订单,根本不会做枪的他就把这个火枪的制造过程部件化,然后把各个部件都交给专业的人去做。而他自己只干一件事,就是把部件组合成一支成型的枪。然后,他对政府官员说:"你们尽管在战场上打仗,我肯定能给你做出足够的枪。"

亨利·福特(Henry Ford)把这些想法在汽车生产上实现了。他通过部件化、流程化和装配线,将福特T型车的整个生产过程分解为84个步骤,也就产生了专业化分工。工人甚至不用思考,只需要凭下意识就可以工作了。这样的工作形式必然促使效率大幅提高。

福特汽车

诺贝尔经济学奖获得者罗纳德·哈里·科斯(Ronald Harry Coase)在1937年发表的论文《企业的性质》中阐明,交易成本是企业产生的前提,企业内部的行政命令机制比市场机制更节省交易成本(表现为"效率"),因此,市场中的资源被企业家组合进企业内部,用系列长期契约代替大量市场机制的短期契约,表现出更高的运行效率。可见,正是企业的产生引出了管理的核心问题:效率。

[**强化学习**] 罗纳德·科斯. 企业的性质.

现代企业生产车间

既然,企业的产生是因为效率(优于市场),管理必然要解决效率问题(**管理的本质就是效率问题**)。企业拥有的资源是有限的(稀缺的),要实现既定目标必然会涉及资源的效用最大化,也就是经济学的效率问题(更少的资源产出更多的成果)。

1934年,美国臭名昭著的职业抢银行强盗巴罗写信给福特汽车公司表达感激之情:"贵公司生产的汽车真是太好了,我每次都能以最快的速度开车离开抢劫现场。所以我只开福特汽车,因为它质量好且速度快,任何车都追不上我。我要向贵公司表达由衷的敬意。"由于泰勒和福特创建并实践了科学管理理论体系,体力劳动的管理问题在20世纪基本解决了。

管理可以理解为(企业)资源被有效率地使用,以实现预期目的的活动。人是资源,物是资源,名声也是资源,总之,你身边的一切其实都是资源。其中,人是核心资源,尤其是担当企业家角色的管理者。

因此,北京大学国家发展研究院BiMBA商学院院长陈春花认为:当一家公司没有照顾到员工情绪而有效率的时候,这是一家正常的公司;当一家公司既有效率又有情感的时候,这是一家好公司;当一家公司有情感而没有效率的时候,这家公司一定有问题。

[**强化学习**] 1. 宁向东的清华管理学课001讲. 管理学:破局而出的智慧. 得到App.
2. 宁向东的清华管理学课003讲. 科学管理:伟大的效率破局. 得到App.
3. 陈春花. 管理的常识:让管理发挥绩效的8个基本概念[M]. 北京:机械工业出版社,2016.

转换职业身份

做管理者意味着**职业身份**(Working Identity)的重要转变,因为**管理者是组织中指挥别人的人**。而职业身份的转变意味着工作环境、工作内容和心理感受的跃迁,管理者需要尽快重新认知自我和定位自己应该扮演的角色，形成新的职业身份认同。

根据所在层级和职权（Power）差别，管理者分为基层、中层和高层。北京大学国家发展研究院教授陈春花认为，不同层级的管理者对企业的贡献不同：高层管理者对企业的成长和长期发展做出贡献，中层管理者对企业的稳定和效率做出贡献，而基层管理者对企业的成本、质量和短期效益做出贡献。相应地，各个层级的管理者的职责也不同，只有每个层级的管理者做好分内的事，整个组织才能实现高效运作。

因此，高层管理者的定位是人性化，做好人，最重要的能力是洞察力；中层管理者的定位是合理化，做坏人，最重要的能力是人际协调能力；基层管理者的定位是标准化，做憨人，最重要的能力是专业技术能力。

进入中层管理岗位，我们需要实现从执行到指挥、从专才到通才、从对事到对人事、从管自己到管团队的转变，职位变化的结果是角色颠覆，从上司的角度看是下属、从下属的角度看是上司、从同级的角度看是伙伴，要避免出现土皇帝、民意代表、自然人（只代表个人）、"传声筒"的错位角色。

做管理者，改变的不仅是工作内容，更大的改变是**工作关系（网）**。中层管理者可以遵从建立人际网络的三原则：**类我原则**、**邻我原则**与**共同活动原则**，来改变原来的工作关系网，重建新的工作关系网。类我原则与邻我原则要求避开与自己类似或相同圈子的人，共同活动原则要求结交能够参与共同活动的人。

其中，管理者还需要寻找一位**角色榜样**（Role Model）来指导和衡量自己。从角色榜样身上，你可以了解到未来可能的自我，同样，你需要尽可能地让角色榜样成为自己新的导师。

> **技能：如何转变职业生涯？**
>
> 欧洲工商管理学院教授埃米尼亚·伊瓦拉的研究表明，职业生涯转变来自三方面：工作环境（比如，从大公司辞职到自主创业）、工作内容（离开受过长期训练的专业领域，如医疗、法律或科研）、心理感受（调查对象体验过站在十字路口的感受）。
>
> 转行并非换个工作这么简单，而是意味着自我的重塑。我们应该从实践中认识自我，而不是通过理论；应该在现实中尝试，而不是通过内省。随着尝试新的行动，接触新的组织，寻找新的角色榜样，向周围的人们重新讲述我们的故事，我们的职业追求会变得越来越清晰，逐渐形成一幅新的自画像。
>
> "塑造职业身份"是一种实践，是对"可能的自我"进行测试、检验和了解的过程。当各种"可能的自我"漫无目的地变来变去，职业生涯发生转变的唯一途径就是，把各种可能的身份变成现实，再不断地对这些身份进行锻造，直到积累的实际经验足够丰富，能指导更有决定意义的行动为止。按照这种思路，成功转变职业生涯的关键做法有：创造试验机会、改变关系网、解释正在经历的转变等。
>
> （资料来源：阳志平.《转行》推荐序：如何转变职业生涯？阳志平的网志.）

[强化学习] 1. 刘润. 实现职业化的行动清单. 微信公众号：罗辑思维. 2017年7月4日.
2. 埃米尼亚·伊瓦拉. 转行：发现一个未知的自己[M]. 张洪磊，汪珊珊，译. 北京：机械工业出版社，2016.
3. 史蒂夫·马丁，诺厄·戈尔茨坦，罗伯特·西奥迪尼. 细节：如何轻松影响他人[M]. 苏西，译. 北京：中信出版社，2016.

学习笔记/评论
学习本知识技能点后,对其等级评价:　+赞☆☆☆☆☆　分享/转发☆☆☆☆☆

组建管理团队

100 000 的关键数字是排在首位的 1,而不是后面的 0,1 就代表管理者。柳传志提出的联想管理之道就是,管理者干三件事:"搭班子、定战略、带队伍"。其中,"搭班子"放在第一位。

管理者不是单打独斗地工作,需要借助团队这个"势"。那如何选择管理团队成员呢?岗位匹配模型是较为成熟的经验总结,能够通过五个维度来客观地评价并选拔每个潜在的管理团队成员。

- 过往业绩。
- 关键行为。
- 价值观。
- 相关经验。
- 未来潜力。

管理团队成员还需要讲究搭配,也就是有个结构优化问题,清一色的团队成员不是好的选择。团队成员组合方式可以是"天地会"(海归+本土精英)、"雌雄配"(男女搭配)、"新老配"(空降新兵+创业老兵)、"攻防配"(善守老兵+善攻新锐)。

[练习]

组建课程中的工作任务团队,确定团队价值追求,选择合适的同学作为团队成员,上台展示所在团队的战斗力和魅力。

> **学习笔记/评论**
>
> 学习本知识技能点后，对其等级评价： ＋赞☆☆☆☆☆　分享/转发☆☆☆☆☆

[强化学习] 罗颖. 快速融入新团队的行动清单. 微信公众号：罗辑思维. 2017 年 10 月 23 日.

结构化思维

有时候我们会犯愁：如何提高思考效率，确定焦点，设定事件的优先级？面对庞杂的信息，如何快速找到解决问题的核心方式，避免错误决策？

我们以"估算重庆地铁客运量"为例。

首先，明确问题是什么：客运量有供给和需求两个思考角度和计算方法。

其次，拆分和定位问题，从供给的角度来看，"重庆地铁每日的运客量＝地铁数量×每辆地铁装载的人数"，其中，地铁数量＝重庆的地铁线数×每条线同时运行的地铁数量×每辆地铁每天运行的次数，每辆地铁装载的人数＝每辆地铁的车厢数×每节车厢的核定人数×上座率。

最后，我们可以给这些影响因素赋值，比如，假设重庆地铁线数为 10 条，每条线同时运行的地铁数量是 10 辆，假设每辆地铁每天运行次数为 10 次，就可以估算得到重庆地铁每日的运客量是 150 万人次。

这样一来，按照"明确问题、拆解问题，直到解决问题、有效总结问题"这样的方式，微信公众号"42 章经"创始人曲凯在《怎样成为解决问题的高手》中列出了公式化拆解复杂问题的技巧：**明确问题、拆解问题、假设驱动、MECE 法则**（全称是 Mutually Exclusive Collectively Exhaustive，中文意思是相互独立，完全穷尽）。很重要的一步，就是要把复杂问题拆解成一个个简单的元问题，也就是抓住事物的本质与核心，而**思维的结构化**（Structured）、**可视化**（Visualization）就是有效的方法和路径。

结构化是指整体的各个组成部分之间的搭配或排列是有序的，让思维像搭积木一样，解决思绪混乱、沟通不畅、难以记忆、疏于表达的问题。**归纳**和**演绎**是结构化中的重要逻辑方法，前者是从个别到一般的思维运动，后者是从一般到个别的思维运动。

思维结构化的四个原则分别是：**结论先行**（多数人只能记住 7 个信息模块，少数人可以记住 9 个；比较容易记住的信息模块数是 3 个，最容易记住的信息模块数是 1 个）；**上下对应**（演绎逻辑，形成思维金字塔）；**归类分组**（归纳逻辑）；**逻辑排序**（基于时间、方位、重要程度等维度排列）。

- 超过 1 分钟的汇报，务必把结论放在开头，超过 3 分钟的汇报，务必在结尾重复结论。
- 将难解的问题分解为用简单知识与经验就能够解决的小问题，就是上下对应原则的具体应用。

- 天时 + 地利 + 人和，就是归类分组原则的具体应用。
- 问题的首先→其次→最后，就是"逻辑排序"原则的具体应用。

需要注意的是，分类/归类简单而行之有效，但其有效性取决于你的分类是否做到了"相互独立、完全穷尽"，即是否符合独立性（Mutually Exclusive）以及完整性（Collectively Exhaustive）原则，前者要确保类别之间没有交集、相互独立，后者就要求类别总和要穷尽所有可能。

方法：思维工具

鱼刺图（Fishbone Diagram）也称因果图、树形图，由日本管理大师石川馨于1953年发明，最早用于质量管理。它是基于"因果链"（就是打破砂锅问到底）来寻找问题的产生原因或影响因素的一种思维工具。

鱼刺图有两个主要部分：左侧是原因/影响因素（Cause），右侧是结果/问题（Effect），通过从右向左逐步分解绘制原因/因素分支，来探索问题的可能原因/影响因素，如图1-4所示。

(1) 界定要分析的问题（或明确要处理的结果）。我们可以通过头脑风暴会议来梳理和明确要分析的问题或结果，标注在图的右侧。

(2) 寻找主要原因/影响因素。问题/结果是一个或多个原因/影响因素导致的，比如，影响产品质量的因素就可能来自人员、机器、方法、材料、环境和测量6个方面，我们借助头脑风暴法，尽可能全面地梳理主要原因/影响因素。

用一条从左向右的箭头线指向右侧的问题/结果，从这条箭头线直接分出来的箭头线表示主要原因/影响因素。

(3) 细化次要原因/影响因素。在绘制出主要原因/影响因素分枝之后，我们需要问"为什么"来为每个主要分枝细化原因/影响因素，然后在鱼刺图上添加次要原因/影响因素作为二级分枝。

比如，人员是影响产品质量的主要原因，我们要反复追问"为什么"，会发现导致人员不良表现可能是因为培训不够，也可能是因为激励欠缺。

(4) 分析原因/影响因素。绘制完成鱼刺图，其实就形成了结果/问题分析模型，接下来就要使用各种研究方法调查和讨论每个可能的原因/影响因素，并根据其优先级及其对问题/结果的影响关系与程度，形成解决问题的行动清单。

在这个工具中，原因被分类和组织在图中，以便更好地了解这些原因如何有助于最终问题的解决，并根据其优先级排序原因，作为解决最终解决方案中的问题的手段。

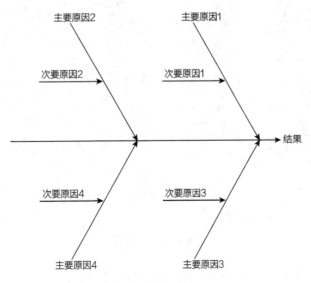

图1-4 鱼刺图

虽然鱼刺图与其他思维工具,如思维导图类似,但它侧重于解决问题,而不是探索创意想法。如果使用 Edraw Max、iGrafx Origins 等软件可以高效绘制和管理鱼刺图。

KJ 法(Affinity Diagram)也称亲和图法、A 型图解法,由日本川喜田二郎发明。这一方法针对未知的事物或领域,搜集相关的信息/资料,并从杂乱无章的资料中整理出事物的相互关系和脉络,使问题/思路明确起来,如图 1-5 所示。

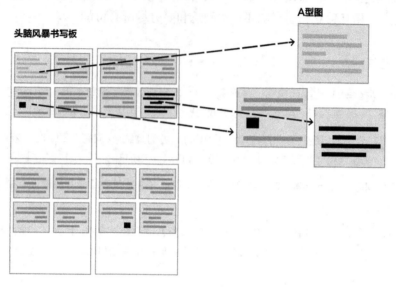

图 1-5　KJ 法示意图

(1) 在会议前告知需要讨论的议题,给每位以准备的时间。

(2) 在头脑风暴会议上可以让每个人提出自己的想法,用卡片将写出的想法记录,并贴在白板或墙上。

(3) 每个人轮流贴卡片,并解释自己的想法。这时要延缓判断,鼓励不同的想法,如果组员在看到别人的思路时提出新的想法,更要大加鼓励。

(4) 由专人按照卡片内容的逻辑相关性,归类合并属性相同的卡片,做出 A 型图,如图 1-6 所示。

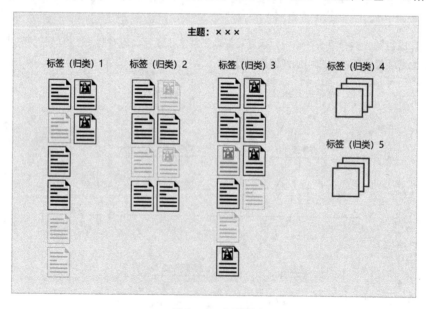

图 1-6　A 型图

绘制鱼骨图、A 型图可以使用 iGrafx Origins、Microsoft Visio 等软件。

表达是为了沟通的需要，逻辑原则是"化繁为简—少说"，把思维结果显性展示出来，比如演示文稿。很多人的问题在于，把"思考的过程和结论"直接呈现出来，缺少站在接受者角度，以其易于理解的**可视化（数字化）**来表达。

思维结构化的形式有：树形（分类）、矩阵（关系）、时间线（过程）、表格（分析 - Microsoft Excel）。

问题的树形结构（使用"幕布"App 整理），如图 1 – 7 所示。

可视化（数字化）的表达遵循"先重要后次要，先全局后细节；先结果后过程，先结论后原因"的原则。

思维结构化、可视化，可以借助思维效率工具。比如：**幕布**用来将内容整理为结构化列表清单，**百度脑图**用来快捷梳理创意思维的过程与结果，MindManager、TheBrain、Microsoft Visio 这类软件则通过思维导图组织头脑风暴活动、捕捉灵感想法、交流沟通信息，另外，Microsoft Excel、Tableau Desktop 也是非常好的思维整理与可视化工具。

[强化学习] 南哥. 培训经理指南掌柜. 结构化思维、形象化表达的10种结构. 360 个人图书馆.

图 1 – 7　问题的树形结构（使用"幕布"App 整理）

其中,演讲是我们每个人都必须掌握的一种表达能力,而这种能力可以通过训练得以提升。

真正打动人的,永远是演讲的内容,而不是技巧。这需要平日里不断积累。

商务演讲的思维导图,如图1-8所示。

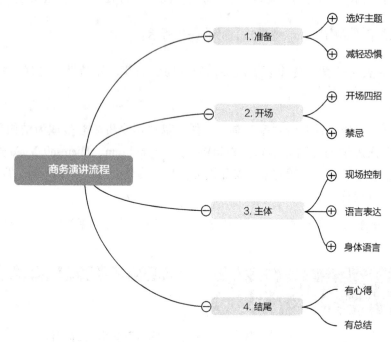

图1-8 商务演讲的思维导图(使用百度脑图绘制)

[练习]

从以下题目中选出一道列出分析推理过程:

网易有道2015年的校园招聘题:"如何估算北京的租房人数?"

腾讯2017年的校园招聘题:"如何设计海星马路的交通灯规则,使得该路口的通过效率最高?"

京东2018年的校园招聘笔试题:"如何用0.01元买到一瓶可乐?"

学习笔记/评论

学习本知识技能点后，对其等级评价： +赞☆☆☆☆☆ 分享/转发☆☆☆☆☆

[强化学习] 1. 南哥. 培训经理指南掌柜. 结构化思维、形象化表达的10种结构. 360doc个人图书馆.
2. 冯启娜. 如何准备一场演讲的清单. 微信公众号：罗辑思维. 2017年6月26日.
3. 王雨豪. 讲好一个故事，事情就成功了一半. 微信公众号：罗辑思维. 2017年10月16日.

有效分配时间（精力）

小和尚面前有一堆小石子、一把沙子、一杯水、六个核桃和一个器皿。老和尚对小和尚说，"你把它们都装进去。" 小和尚先把沙子放进去，再把石子放进去，然后发现核桃放不进去了。老和尚笑了笑，把东西都倒了出来，让小和尚先把六个核桃放进去，然后放小石子，再把沙子放进去，最后把水倒进去，结果所有物品都放进了器皿。

如果这些物品代表事情的重要程度的话，这个故事说明只有先完成重要的事情，才可能有时间和空间去解决琐碎的事情。

每个人（尤其是管理者）的**注意力（精力）是稀缺的、有限的**，需要合理分配以实现效用最大化。时间管理的本质不是安排时间，而是**分配自己的注意力**。管理者分配注意力的基本要求是把事情做完（Getting Things Done，GTD），且根据轻重缓急聚焦在更有价值的事情上（全情投入＝体能充沛＋情感链接＋思维清晰＋意志坚定）。

时间颗粒度是个人管理时间的基本单位。比如，比尔·盖茨的行程表就以5分钟作为一个基本的时间颗粒，王健林的行程则按照15分钟来安排。具备职业素养的管理者和别人打交道时，会懂得至少以30分钟为单位安排时间，以1分钟为单位信守时间。

有效分配精力的模型，如图 1-9 所示。

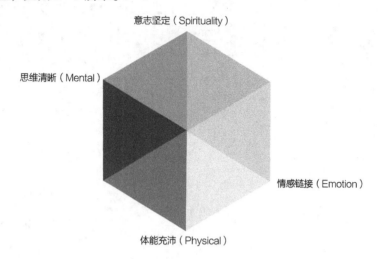

图 1-9　有效分配精力的模型

保持精力充沛是一种自我管理能力，关键在于找到节奏，顺势而为，主动补充。不要管理时间，要管理精力。

[**强化学习**] 蟹薄荷. 课程笔记：古典——《超级个体》9. 精力管理. 简书.

使用"Microsoft To-Do"（微软待办）这样的日程规划工具，可以高效地管理时间、合理分配精力。Microsoft To-Do 操作界面，如图 1-10 所示。

图 1-10　Microsoft To-Do 操作界面

(1) 列表。将需要完成的事项整理成待办事项清单（备忘录）。

(2) 分类。按照重要和紧急两个维度，构建事项的四象限分类矩阵将事项划分为马上做、等会做、今天不做和授权下属做4类。

图1-11为时间管理矩阵。

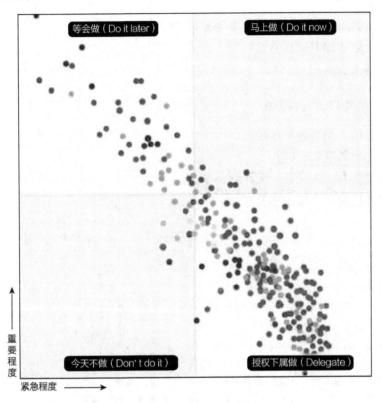

图1-11　时间管理矩阵

(3) 计划。按照轻重缓急将事项排进日程表（周计划、日计划），放置在文件柜中。

(4) 执行。采用番茄工作法一次只执行一件事，处理完毕的文件**直立放置**。

(5) 反思。采用PDCA循环总结事项处理过程（确保做事有始有终），将顺利完成的工作标准程序化，花一分钟思考"上司要什么？如果我是上司的话，会怎样做？"。

拖延与打扰是时间管理的敌人，拖延是造成时间管理混乱的重要原因，研究表明：

- 拖延与期望有关，自我效能低或自尊水平低的人更易拖延。
- 拖延与任务价值有关，人们对任务的抱怨越多，越易拖延；从完成任务中获得的乐趣越少，越易拖延。
- 拖延存在个体差异，自我控制水平低的更易拖延。
- 拖延最突出的外在表现是在时间上的推迟，当我们感觉目标离自己还很遥远时，更易推迟任务，等到期限将至时，才意识到时间的压力而拼命工作。

拖延的典型原因：

- 天生懒惰或严谨、缺乏兴趣动机、自控能力弱（容易受到诱惑）。

- 自我效能感低（缺乏足够的时间、金钱、责任等压力约束与紧迫感）。
- 缺乏组织规划能力、任务与自我的关联性。

克服拖延的 5 个建议：

- 制定清晰的目标与时限（保持专注）。
- 放弃十全十美心态。
- 寻找破解时间的障碍（抵御不愉快事物带来的情绪波动）。
- 平衡工作和生活（随时奖赏自己）。
- 分权（让其他人去完成）。

可能来自外部，也可能来自个人的干扰：

- 信息超载（通信、网络过度依赖）。
- 自控能力弱（容易受到诱惑）。
- 缺乏组织规划能力（多任务、无计划、多会议）。
- 不懂得拒绝（过度顾及他人感受）。

避免干扰的建议：

- 精简信息网络（朋友圈）。
- 减少无效会议。
- "管理"他人（老板、同事、来访者）的时间。
- 大胆说"不"（适当的拒绝）。
- 分权（让其他人去完成）。

[强化学习] 1. 一钥丨钥一. 如何更有效率工作？小方法，大智慧. 简书.
2. 向上吧，少女！什么是番茄工作法？该如何运用？知乎.
3. 刘润. 成为职场高效能人士的清单. 微信公众号：罗辑思维. 2017 年 7 月 19 日.

学习笔记/评论

学习本知识技能点后，对其等级评价： +赞☆☆☆☆☆ 分享/转发☆☆☆☆☆

开展团队工作

无论对哪个层级的管理者而言，工作流程都是相似的，都是以"**计划—组织—领导—控制**"闭环流程

[类似爱德华兹·戴明（W. Edwards Deming）提出的 PDCA 循环]来进行管理活动的。其中，计划是事情的预先谋划（纸上推演），组织是结构化、系统化组织资源（核心是人），领导是以影响力引导和规范成员行为，控制是跟踪工作过程并改进偏离目标的行为。

PDCA 循环原理，如图 1-12 所示。

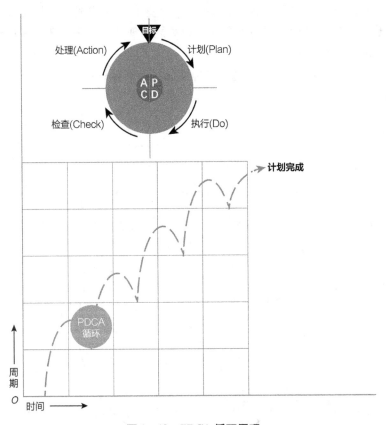

图 1-12　PDCA 循环原理

[**强化学习**] 1. 卡洛琳·哈尔（Carolyn O'Har）. 新官上任，如何走对第一步？哈佛商业评论官方网站. 2014 年 10 月.
2. 李可. 杜拉拉升职记 [M]. 海口：南海出版社，2015.
3. 陈鸿桥. 16 节科学管理课 [M]. 北京：人民出版社，2006.

学习笔记/评论

学习本知识技能点后，对其等级评价：　+赞☆☆☆☆☆　分享/转发☆☆☆☆☆

1.4 分享与评估

分享与交流

学习团队继续完成真实任务，提供任务单所要求的文档，并利用"完成情况评估图"，由进行自我、同伴、教师（师傅）进行评估。之后，将对本单元知识技能的理解（可采用ORID法进行学习回顾）、访问任务单中企业的概况、工作任务的完成结果、学习过程反思等制作成3~5分钟的高清"**微视频**"，派代表在课上进行6~8分钟的分享交流，并由其他团队进行**同伴评价**。

完成情况评估

工作任务完成情况评估雷达图如图1-13所示。

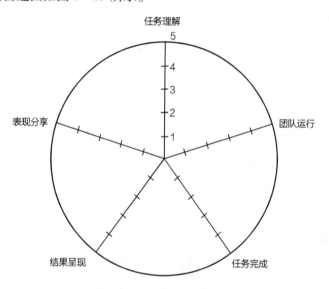

图1-13　工作任务完成情况评估雷达图

注：从"任务理解、团队运行、任务完成、结果呈现、表现分享"五个维度，对本工作任务学习及完成情况，由自我、同伴、教师（师傅）进行评估，用颜色笔以5分制（分值越大越好）将评估结果绘制在图1-13中。

学习反思

首先，与团队、个人学习目标进行逐一对比，以清单列表或思维导图，分解出已完成和未完成两部分；其次，用3~5个关键词描述自己团队在完成这项工作任务的过程中未能解决的问题与所遇障碍；最后，对照最佳团队，归纳自己团队未完成部分的主要原因与对应责任，提交反思报告。

问题与障碍：

单元测验（建议在20分钟内完成）

问题： 总结本单元学习的知识与技能，归纳提炼为3～6个关键词，并用这些关键词绘制本单元的知识地图/思维导图。（得分 1　2　3　4　5）

问题： 下面是台湾大学入学考试中心2016学年度学科能力测验试题（英文考科）。请仔细观察以下三幅连环图片（如图1-14所示）的内容，并想象第四幅图片可能的发展，然后写出一篇涵盖每张图片内容且结局完整的故事，字数在180字左右。（得分 1　2　3　4　5）

图1-14　漫画故事

问题：根据 A. BACALL 的漫画（如图 1-15 所示），归纳出所建议的时间管理逻辑。画面中的英文意思是：我的压力更小，因为我用碎纸机替换文件盒。（得分 1　2　3　4　5）

（资料来源：https://www.cartoonstock.com/cartoonview.asp?catref=aba0189）

图 1-15　A. BACALL 漫画

1.5　拓展学习

管理要解决的三个效率问题

无论从实践的角度还是理论的角度，管理所要面对的就是效率，也可以说管理就是为了提高效率。这个道理所有的人都懂，但是在实际操作中，人们往往忽略了管理的这个本来的目的，究其原因就是，大家没有很好地理解管理和效率是什么样的关系。

管理解决的效率到底指的是什么？了解管理和效率是一种什么样的关系，可以从管理理论演变的过程来理解这个问题。

使劳动生产率最大化的手段是：分工。

使组织效率最大化的手段是：专业化水平和等级制度的结合。

使个人效率最大化的手段是：个人创造组织环境，满足需求，挖掘潜力。

……

(资料来源：陈春花. 管理要解决的三个效率问题. 今日头条：春暖花开号.)

要求： 在网上搜索并仔细完整地阅读这篇文章，之后用2~4个关键词归纳作者所表达的核心意思，再用图或表描述这篇文章与本章所学的哪些知识是相关的。

1.6 下一个工作任务

预学习"**第2章 目标设定与分解**"。教师将课程数字化资源上传到选定的在线学习平台，要求学习者进入"真实工作任务"环节，与自己所在团队成员开始新的管理活动。

第 2 章　目标设定与分解

任务单：乡村基大学城熙街店开发新款菜品

乡村基重庆投资有限公司是米饭快餐服务商，以"直营连锁＋标准化＋中央配送"方式开设400余家餐厅，拟针对重庆市大学城外卖市场开发新款菜品，预计这款菜品的生命周期为1.5~2年，由乡村基大学城熙街店负责配送。

乡村基连锁店

任务：你被授权负责这项工作的计划编制，要求在1周内完成工作目标的设置、分解与沟通。

2.1 真实任务练习

任务解析

团队对任务单中问题的理解：

教师对任务单中问题的理解：

组织总目标设置—分解为部门分目标—分解为岗位/个人子目标—个人目标分解为执行资源；设置新菜品开发属于部门目标的再分解，直到参与新菜品开发的每个成员的目标被确定出来，结果是获得目标的分解结构（图/表）。

预备知识与技能： 会使用思维导图、会使用阿里"钉钉"App、会使用 Excel 软件主要功能。

新知识： SMART 原则、工作分解结构、目标管理。

拟定学习目标

课程学习目标：

形成务实严谨的工作态度与良好的人际关系，使用数学或结构化逻辑思维分析与理解问题，文字组织条理清晰，表达流畅；能够完成部门目标设置、组织目标与个人目标分解、与员工进行目标沟通。

个人学习目标：

编制团队工作（学习）计划

团队共同讨论制订完成本期工作任务的计划，并填写在表 2-1 中。

表 2-1　团队工作（学习）计划表

年　月　日—　年　月　日

周日	周一	周二	周三	周四	周五	周六
周日	周一	周二	周三	周四	周五	周六

完成情况初步评估

工作任务完成情况评估雷达图（范例）如图 2-1 所示。

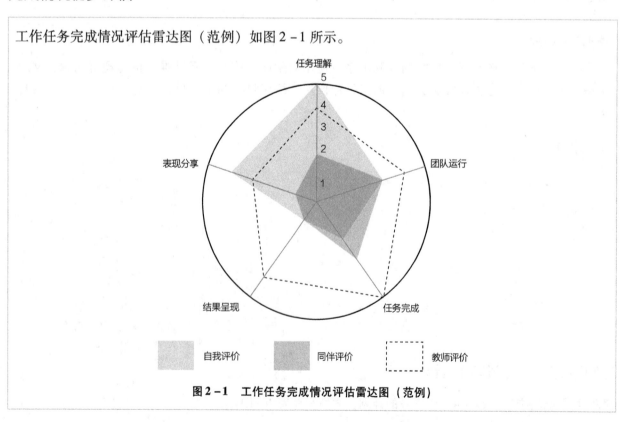

图 2-1　工作任务完成情况评估雷达图（范例）

工作任务完成情况评估雷达图如图2-2所示。

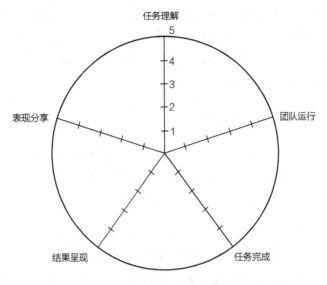

图2-2 工作任务完成情况评估雷达图

注：从"任务理解、团队运行、任务完成、结果呈现、表现分享"五个维度，对本工作任务学习及完成情况，分别由自我、同伴、教师（师傅）进行评估，用颜色笔以5分制（分值越大越好）将评估结果绘制在图2-2上。

2.2 破冰游戏

将3个不同颜色的彩色气球悬挂在墙上，气球垂直排列在不同高度，每个学习小组的成员轮流上来跳跃拍打气球，看看谁能击破更高位置的气球，列出每组的成绩排行榜，最后请每组派代表上台分享心得。（或者随机选择一位同学讲一个不超过5分钟的故事，请其他同学点评。）

2.3 新知识技能学习

部门目标设置
目标分解
与员工进行目标沟通

某旅美学者5岁的女儿朵拉从只会说三句英语到能说会道的小演说家，只用了半年的时间。女儿学英语，是为了在异域环境中生存和交流，是为了探索自己的未知世界，是为了交朋友，是为了变得更好。最重要的秘诀不在于How（方法），而在于Why（学习的动力）。因此，要让那些"隐含"的目的放上台面，例如，为了获得赞许而学习，为了交女朋友而学习，为了谈吐优雅而学习……

女儿的目标是需求导向的，动机效应特别明显。目标（Objectives）具有激发潜能的价值和作用，具体而言，体现为明确方向（低头拉车、抬头看路）、激发动力、统一行动、比较优劣（舵、机、钟、镜）。

目标就像灯塔，是用来指引我们的。**目标的本质是结果导向行为**。

目标，**期望达到的未来状态**或**行动结果**，就是理想中的结果或状态；任何组织都需要目标，是因为组织就是创始人为了实现某种期望而创立的，而目标管理之所以有效，是因为人性假设理论中的自我管理/期待效应原理，目标设置要"跳一跳，能够得着"就是这个道理。

[**强化学习**] 1. 蒂姆·哈福德. 卧底经济学 [M]. 赵恒，译. 北京：中信出版社，2017.
2. 陈春花. 管理的常识：让管理发挥绩效的8个基本概念 [M]. 北京：机械工业出版社，2016.
3. 彼得·德鲁克. 管理的实践 [M]. 齐若兰，译. 上海：上海译文出版社，1999.

像美国当年制订改变人类历史的阿波罗登月计划一样，一个真正成功的公司的目标是明确的、有吸引力的，能够把所有人的努力汇聚到一点，从而形成强大的企业精神。因此，真正的目标具有强大的吸引力，人们会不由自主地被它吸引，并全力以赴地为之奋斗。

目标管理（Management by Objective，MBO）这个概念是彼得·德鲁克1954年在《管理的实践》中提出的，强调人的"自我控制"。德鲁克认为，管理层确定了组织目标后，会对其进行分解，将其转变成部门以及个人的目标，管理者根据目标的完成情况对下级进行考核（基本工作步骤如下）。

- 分析愿景
- 设置目标
- 分解目标
- 编制计划
- 执行
- 考核

尽管"争取第一"的目标不一定能实现，但如果目标只是"中庸保守"，那几乎拿不到第一。据《易经》记载，"取法乎上，仅得其中；取法乎中，仅得其下"，说明制定了高目标，最后仍然可能只达到中等水平的结果；如果制定的是一个中等的目标，最后很可能只能取得低等水平的结果。目标的高低决定了企业业绩所能达到的限度。吉姆·柯斯林（James C. Collins）与杰里·波勒斯（Jerry I. Porras）在《基业长青》（*Built to Last*）一书中提出"宏伟的、大胆的、冒险的目标是促进进步的有力手段"。

部门目标设置

中层管理者的工作目标从何而来？以终为始，从行为的终点处寻找行为开始处的设置；归纳起来，工作目标从管理者的**下上**、**先后**、**内外 6个维度**寻找，将上下级的需求、过去现在的变化、内外的竞争转变成实实在在的工作目标；公司的目标决定了团队的目标。团队的目标决定了个人的目标。

组织总目标演化自组织愿景，通常使用SWOT法、BSC平衡计分卡法（BSC）进行分析，由高层管理者确定之后分解为部门目标。中层管理者要做的就是将分解出来的部门目标进行理解、细分，确立自己部门及下属要承担的子目标。

> **方法：SWOT 分析法**
>
> SWOT 分析（Strengths Weaknesses Opportunities Threats，SWOT）基于组织外部环境与内部条件两个维度构建一个四象限矩阵，辅助管理者进行组织目标、战略选择等决策。

SWOT 分析矩阵如图 2-3 所示。

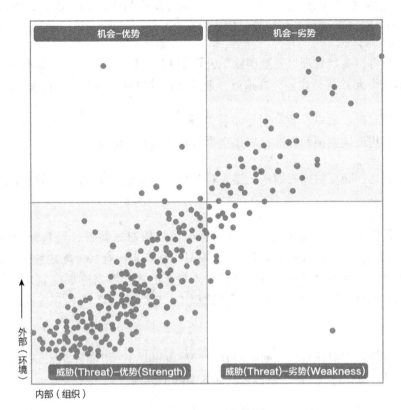

图 2-3　SWOT 分析矩阵

优势（Strength）：你的优势有哪些？你要怎样去保持你的优势？**劣势**（Weakness）：你的劣势在哪里？你要怎样去改进？**机会**（Opportunity）：你的机遇在哪里？你要怎样去把握？**威胁**（Threat）：你的威胁是什么？你要怎样去化解？可通过 SWOT 分析表（见表 2-2）来解决这些问题。

表 2-2　SWOT 分析表

内部（组织）/ 外部（环境）	优势 (1) (2) (3)	劣势 (1) (2) (3)
机会 (1) (2) (3)	机会-优势策略：使用优势去避免威胁 (1) (2)	机会-劣势策略：抓住机会去克服劣势 (1) (2)
威胁 (1) (2) (3)	威胁-优势策略：利用优势去避免威胁 (1) (2)	威胁-劣势策略：最小化劣势且避免威胁 (1) (2)

结合自上而下分解出的部门目标，选择绩效表现、团队建设的明星同类部门，作为追赶的目标（标杆），比较与标杆的差距，形成自己部门及下属的目标。

标杆管理也称对标分析、基准管理，是美国施乐公司于 1979 年首创的，是指瞄准一个比其绩效更高的对象（组织、团队或个人）进行比较，在追赶、超越标杆的过程中追求卓越的循环过程。

标杆管理最初被用来与行业冠军、竞争对手进行基准比较、发现差距、寻求突破的方法。后来，标杆管理逐渐演变成为寻找最佳案例和标准，加强企业内部管理的一种方法。

标杆管理的基本步骤是：确立对标的因素—建立对标团队—筛选模仿/学习对象—比较对标因素—持续改进与反馈。

SMART 原则、**层叠目标**（自上而下传达）以及**标识目标相对重要性**，是目标设置的 3 个规则（技巧）。美国迪克·格罗特（Dick Grote）建议，用 SMART 原则来检查目标陈述是否清楚，而不是判断目标是否契合组织需要、是否值得追求；员工制定个人目标的重要参考来源是直接上级的目标，但不要被限制在上级目标范围内；停止为目标赋予百分比权重，改用重要程度排序方法区分目标之间的重要性水平。

合理设置的目标应该符合"具体（Special）、可测（Measurable）、可能（Attainable）、关联（Relevant）和时限（Time-bound）"这 5 个原则，即目标设置 **SMART** 原则。

[强化学习] 肯·布兰佳，斯宾塞·约翰逊. 一分钟经理 [M]. 周晶，译. 海口：南海出版公司，2015.

（1）**具体**：目标是组织远景（期望）的具体而非模糊体现，是能够让员工层层分解落实的，而且，目标的表达形态（文字、语音等）动态化和视觉化，更易于员工正确理解；笼统的"提高产品质量"，不如具体的"将平均抽样不合格品率降低 50%"。

（2）**可测**：目标实现与否需要通过绩效考核来确认，绩效指标是**结果数量化或过程行为化**的，而且，验证这些绩效指标的数据或者信息是可以获得的；"创双一流大学"不如"学校综合排名进入全国前 100 名，两个优势学科进入全国前 10 名"。

（3）**可能**：目标的实现是受制于资源条件约束的，设置目标应该高低适度（高了产生挫败感，低了产生无聊感），以适度挑战性为宜，即通过努力 [位于美国心理学家诺尔·迪奇（Noel Tichy）提出的学习区，如图 2-4 所示] 可以实现（**跳起来摘桃子而不是摘星星**）；目标的设置还需要员工参与，进行上下左右维度沟通，在组织与员工之间达成一致的认识。

（4）**关联**：目标之间存在自上而下的继承性、自下而上的保障性、自先而后的延续性，通过分解组合形成组织目标网络；目标与关键绩效指标 KPI 之间要关联，关键绩效指标是目标的可执行的具体体现；**目标要尽可能与员工个体需求关联**，实现目标对员工的激励作用。

（5）**时限**：目标需要设置起止时间，既包括总的时间限制，也包括分解出来的每个具体项目的起止时间，目标中的任务可能是时间轴上的先后环节，之间存在显著的时间限制关系，前面环节的完成时间是后面环节的开始时间。

[强化学习] 1. 迪克·格罗特. 小目标怎么定？有三个原则要慎用 [J]. 哈佛商业评论（中文版），2018（04）.
2. 做自己的 CEO. 目标管理：六个步骤教你制定人生目标. 简书.

图 2-4 学习区理论

[练习]

拜访附近 1 位服装实体门店经理（店长），记录他们的年度目标，用 SMART 原则进行规范化、优化。

学习笔记/评论

学习本知识技能点后，对其等级评价： +赞☆☆☆☆☆ 分享/转发☆☆☆☆☆

目标分解

目标分解在两个层面进行：组织目标分解成岗位/个人目标、个人目标的再分解，组织目标分解直到每个员工结束，组织目标转化为每个员工的个人目标。

组织目标分解是沿着**组织总目标—部门分目标—岗位目标—个人子目标**的路径，采用树状结构逐层分解目标，形成各个层级目标的网络结构，这个过程可以参考**工作分解结构**方法完成。如图 2-5 所示。

工作分解结构（Work Breakdown Structure，WBS）是以可交付成果为导向，对项目要素进行的分组，即将项目分解成更小的组件，工作分解结构的最低层次可交付成果称为**工作包**。工作分解结构可以帮助成员有效地进行资源分配、项目预算、采购管理、质量保证和风险控制等工作。

图 2-5　组织目标分解

方法：工作分解结构

工作分解结构有两种类型：水平分解（按照属性、功能、要素、流程等）与垂直分解（按组织结构）。工作分解结构的形式有树形图或者行首缩进表格（见表 2-3）。在实际应用中，表格形式的工作分解结构应用比较普遍，特别是在项目管理软件中。

表 2-3　房地产投资分析

编号	工作分解结构		任务名称	工期/天	前置任务	责任部门
	阶段		投资决策	45		
1	1		土地前期调研	15		开发部
2		1.1	目标地块重要事项调研	5		开发部
3			地块现状调查	5		开发部
4			规划情况调查	5	3	开发部
5			国土权属调查	5	4	开发部
6		1.2	地块周边重要信息调研	15	1	开发部
7			周边污染调查	15		开发部
8			重要设施建筑调查	5	7	开发部
9			周边规划情况调查	5	8	开发部

(续)

编号	工作分解结构	任务名称	工期/天	前置任务	责任部门
10	**2**	**编制项目技术经济分析报告**	**5**	**6**	**开发部**
11	**3**	**投资委员会审批**	**10**	**10**	**总经办**
12	3.1	提交审批资料	1		总经办
13	3.2	组织董事会投资审核会	2	12	总经办
14	3.3	获得投资委员会审核决议文件	5	13	总经办
15	3.4	确定投标价格及策略	2	14	开发部

使用 MatchWare MindView、Corel Mindjet MindManager 等思维导图工具绘制工作分解结构的图形，可以更高效地获得可视化结构图。

[强化学习] http://www.workbreakdownstructure.com.

个人目标分解是指每个员工细化个人目标的落实措施，这样一来，员工个人目标就是对组织目标实现的贡献与保障，也是监督和考核其工作成效的依据。目标与关键成果法（Objectives and Key Results，OKR）是个人目标制定与分解的有效工具。目标分解过程如图 2-6 所示。

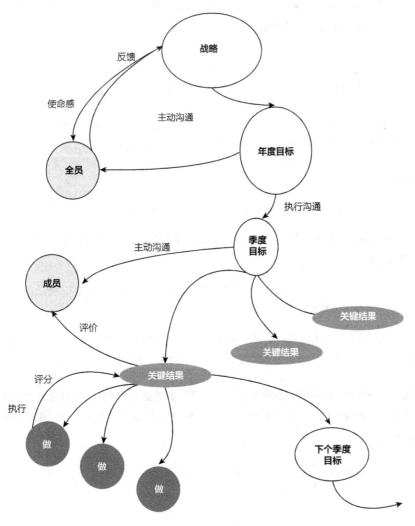

图 2-6　目标分解过程

方法：目标与关键成果法

目标与关键成果法（OKR）是英特尔公司1999年提出的定义和跟踪目标及其完成情况的管理工具，投资人将其从英特尔引入谷歌后，目标与关键成果法在硅谷风靡开来。目前优步、推特、亚马逊、甲骨文、雅虎、戴尔、宝马、施耐德、西门子、LG、三星等著名的高新技术企业都在使用目标与关键成果法。

采用OKR的四个理由：

- 确保个人和组织方向一致（让组织中各成员的行动互相协调）。
- 建立更加高效的交流渠道（信息更好地传达和共识的形成）。
- 建立评价进展的衡量标准（明示任务完成进度）。
- 释放个人生产力（由下而上的，个人的意愿和企业的方向相结合）。

OKR的**使用原则**：

- 个人目标及其关键成果要与组织整体目标匹配。
- 目标要有挑战性（野心大、难度大、创新的梦想目标）。
- 目标设置要符合SMART原则。
- 最多设置5个目标，每个目标最多设置4个关键成果（任务）。
- 组织的绝大多数目标初始来源于基层。
- 过程公开、透明，对每季度完成程度打分，用看板工具进行可视化管理。
- 根据情况可以调整关键成果（任务指标）而不是目标。
- 目标完成结果不与待遇、晋升直接挂钩，但可供绩效考核参考使用。

每个关键成果（任务）在季度末都会进行打分，打分范围0~1分，最认可的结果是0.6~0.7分，如果得了1分，说明目标设定过于简单；如果低于0.4分，就需要考虑是否调整或放弃。

OKR的**实施流程**：

(1) 确定OKR 通过10~30人的分组OKR会议，给目标匹配发起人和项目经理，使其成为一个真正的任务。

(2) 沟通OKR 沟通并公示为什么设定这些目标、实现这些目标的意义、需要大家分别做什么等问题，确保员工对目标的理解一致。

(3) 执行OKR 执行的重点是"定期检查，必要时调整"。每周或每月检查一次，要涵盖"目标、当前进度、遇到的问题、问题的原因、需要的支持、下一步的计划"。

(4) 复盘OKR OKR的每个负责人阐述"目标是什么，为什么定这个目标，做了什么，遇到了什么问题，怎么解决的，最终的结果是什么，有什么经验和教训，下一步建议，给自己打分"，并讨论设定第二个季度的OKR。

注意：并不是所有的公司都合适OKR，能否落地看"土壤"和环境是否适合：有没有较为扁平、宽松的氛围支持自下而上地设立目标，有没有合适（自我驱动、自主思考、自主完善）的人来参与？通常创新创业、高科技类型的企业能满足这些前提条件。

"嗨马OKR" App则是体现OKR原理的高效率工具。其操作界面如图2-7所示。

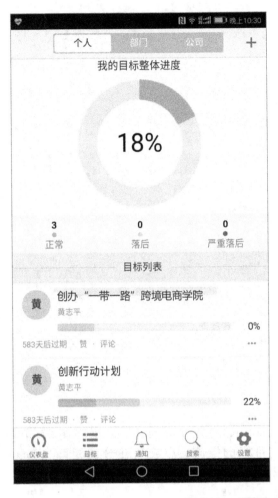

图 2-7 "嗨马 OKR" App 操作界面

[练习]

用"嗨马 OKR" App 把自己考驾照这个目标进行分解。

学习笔记/评论

学习本知识技能点后，对其等级评价：　+赞☆☆☆☆☆　　分享/转发☆☆☆☆☆

与员工进行目标沟通

目标设定后需要进行目标沟通，传递组织目标并协助下属设定个人工作目标、跟踪目标完成情况，管理者还需要花费更多时间与每位下属讨论落实目标的措施，形成**责任分配矩阵**（Responsibility Assignment Matrix，RAM），确保目标不是规划在纸上、挂在墙上的作秀。

方法：RACI 模型

RACI 模型用来明确组织变革过程中的各种角色及其承担的责任，四个字母分别代表 Responsible（责任人）、Accountable（执行者）、Consulted（被咨询者）、Informed（被告知者）。RACI 模型通常借助 RACI 表的形式，来协助讨论、交流各个角色及相关责任。另外，RACI 模型还发展出派生类型，比如，PARIS 模型 [Responsible（责任人）—Accountable（执行者）—Support（支持者）—Consulted（被咨询者）—Informed（被告知者）] 等。

RACI 模型的工作步骤是：

（1）识别业务（工作）流程中的任务（活动），记录在 RACI 表的左侧。

（2）识别业务（工作）流程中的所有参与者，记录在 RACI 表的上侧。

（3）分配每项任务（活动）的每个参与者的具体角色 R、A、C、I，用缩写字母标注在 RACI 表的相应单元格中，确保任务（活动）的 R 角色是唯一的。

责任分配矩阵（见表 2-4）是 RACI 模型的图形化，以表格形式显示工作分解结构中工作任务的个人责任。

在责任分配矩阵中，纵向为工作单元，横向为组织成员或部门，单元格表示成员或部门在工作任务中的职责，单元格中的符号表示成员在每个工作单元中参与的具体角色或责任类别。

表2-4 责任分配矩阵

	计划/进度	时间/天	员工张	员工王	员工刘	员工李	员工黄	员工孙	员工郑	员工朱	员工郭	员工鲜
	计划/进度		R	A	I	C				C		
1	风险管理	1		I	I	Q					A	
2	质量管理	3			R	C					R	
3	采购	6				R		Q			R	
3.1	规格清单								A		R	
3.2	现场要求		C	A	R	Q						R
3.3	招标					Q	A	R	C			R
3.4	预算审批						A	Q			R	
3.5	合同谈判					A		Q	R	R		

注：Q-质量评价者。

周报和**周会**是绝大多数公司用来推进目标落实的措施，能否高效完成这两件事取决于员工主动参与度和时间效率，只有参与度高和时间效率高，才能真正帮助组织提高日常工作效率。周报的格式可采取"进展（Progress）—计划（Plan）—问题（Problem）"三段结构，不需要写每天的流水账，围绕目标重点内容即可。

定期汇报（日报、周报）和例会（日会、周会）沟通的内容都应该围绕着目标，用周报/周例会管理目标，需要把握住三个核心要点：

- 团队成员都清楚集体/个人阶段性的目标。
- 用周报/日报向其他成员知会自己的进度以及遇到的问题。
- 用每日站立会议/周例会集体审视目标达成情况，对重点问题进行讨论。

目标管理的误区是把目标管理当成绩效考核。目标管理的出发点是激发下属的积极行为，绩效考核关注的仅仅是结果，导致忽视工作过程的管理，所有人异化为绩效的工具。征途网络董事长史玉柱在巨人集团的成败部分源自目标管理成功与异化；OKR的理念就是力求避免目标管理的异化使用。

[**强化学习**] 1. 宁向东的清华管理学课. 得到App.
2. 陈鸿桥. 16节科学管理课 [M]. 北京：人民出版社，2006.

学习笔记/评论

学习本知识技能点后，对其等级评价： +赞☆☆☆☆☆ 分享/转发☆☆☆☆☆

2.4 分享与评估

分享与交流

学习团队继续完成真实任务,提供任务单所要求的文档,并利用"完成情况评估图",由自我、同伴、教师(师傅)进行评估。之后,将对本单元知识技能的理解(可采用 ORID 法进行学习回顾)、访问任务单中企业的概况、工作任务的完成结果、学习过程反思等制作成 3~5 分钟的高清"**微视频**",派代表在课上进行 6~8 分钟的分享交流,并由其他团队进行**同伴评价**。

完成情况评估

工作任务完成情况评估雷达图如图 2-8 所示。

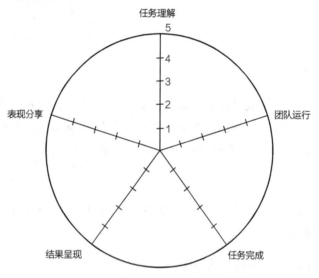

图 2-8　工作任务完成情况评估雷达图

注:从"任务理解、团队运行、任务完成、结果呈现、表现分享"五个维度,对本工作任务学习及完成情况,分别由自我、同伴、教师(师傅)进行评估,用颜色笔以 5 分制(分值越大越好)将评估结果绘制在图 2-8 中。

学习反思

首先,与团队、个人学习目标进行逐一对比,以清单列表或思维导图,分解出已完成和未完成两部分;其次,用 3~5 个关键词描述自己团队在完成这项工作任务的过程中未能解决的问题与所遇障碍;最后,对照最佳团队,归纳自己团队未完成部分的主要原因与对应责任,提交反思报告。

问题与障碍:

单元测验（建议在20分钟内完成）

问题：总结本单元学习的知识与技能，归纳提炼为3~6个关键词，并用这些关键词绘制本单元的知识地图/思维导图。（得分 1　2　3　4　5）

问题：日本国际马拉松比赛冠军运动员山田本一披露了他的秘诀：比赛前先勘察路线，把沿途醒目的标志画下来，比如第一个标志是一家银行，第二个是一棵大树，第三个是一座公寓……然后按这些标志把全部赛程分解成若干小目标，拟定每个目标的跑法和时间，比赛中一个目标一个目标地跑，每跑完一个目标就增加一份信心，又都是一个新目标的开始，40多千米的路程就这样轻松跑完了。

万达集团王健林给年轻人提出了一句忠告："想做首富这是对的，（这是）奋斗的方向，但是最好先定一个能达到的小目标，比方说我先挣它一个亿。你看看能不能用几年，能挣到一个亿。"

比较王健林和山田本一的做法，归纳出他们对目标的共同认识点。（得分 1　2　3　4　5）

问题：搜寻自己身边有关皮格马利翁效应（美国心理学家罗森塔尔和雅各布森提出的"期待效应"）的故事，就像彼得·德鲁克在《管理的实践》中所讲的"三个石匠"的故事。（得分 1　2　3　4　5）

2.5 拓展学习

这样做，让你获得 10 倍的成长

大变革比小变革更容易实现，大难题比小难题更容易解决。究其原因，是因为一个宏伟的目标要求我们打破常规、违背常理、积极创新。谷歌的"10 倍思维"、埃隆·马斯克的"火星梦"，都在向我们证实这一点。

……

（资料来源：沙恩·斯诺. 这样做，让你获得 10 倍的成长. 微信公众号：罗辑思维.）

> **要求**：在网上搜索并仔细完整地阅读这篇文章，之后用 2~4 个关键词归纳作者所表达的核心意思，再用图或表描述这篇文章与本章所学的哪些知识是相关的。

2.6 下一个工作任务

预学习"第 3 章　计划编制与执行"。教师将课程数字化资源上传到选定的在线学习平台，要求学习者进入"真实工作任务"环节，与自己所在团队成员开始新的管理活动。

第3章 计划编制与执行

任务单：乡村基大学城熙街店开发新款菜品

乡村基重庆投资有限公司是米饭快餐服务商，以"直营连锁＋标准化＋中央配送"方式开设400余家餐厅，拟针对重庆市大学城外卖市场开发新款菜品，预计这款菜品的生命周期为1.5～2年，由乡村基大学城熙街店负责配送。

乡村基连锁店

任务：你被授权负责这项工作的计划编制，要求在1周内提交规范的计划书（文档）。

3.1 真实任务练习

任务解析

团队对任务单中问题的理解：

教师对任务单中问题的理解：

这项任务完成的结果是编写出计划书，但工作任务的重心和难点不在计划书的撰写，而是实现目标/任务的时间、人员和资金等资源的有效配置与获取。

预备知识与技能： 会使用思维导图、会使用阿里"钉钉"App、会进行典型商业应用文写作。

新知识： 决策树、盈亏平衡、工作任务分解结构、网络图、滚动计划。

拟定学习目标

课程学习目标：

形成务实严谨的工作态度与良好的人际关系，使用数学或结构化逻辑思维分析与理解问题，文字组织条理清晰、表达流畅；能够完成工作任务分解、资源配置、计划书编写。

个人学习目标：

编制团队工作（学习）计划

团队共同讨论制订完成本期工作任务的计划，并填写在表3-1中。

表 3-1 团队工作（学习）计划表

年 月 日— 年 月 日

周日	周一	周二	周三	周四	周五	周六
周日	周一	周二	周三	周四	周五	周六

完成情况初步评估

工作任务完成情况评估雷达图（范例）如图 3-1 所示。

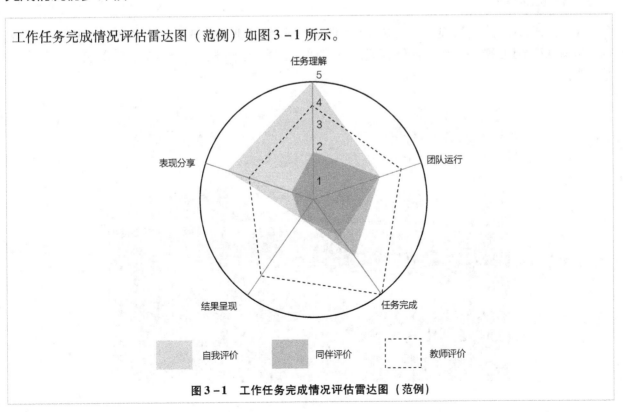

图 3-1 工作任务完成情况评估雷达图（范例）

工作任务完成情况评估雷达图如图3-2所示。

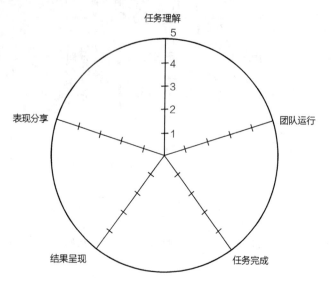

图3-2　工作任务完成情况评估雷达图

注：从"任务理解、团队运行、任务完成、结果呈现、表现分享"五个维度，对本工作任务学习及完成情况，分别由自我、同伴、教师（师傅）进行评估，用颜色笔以5分制（分值越大越好）将评估结果绘制在图3-2上。

3.2　破冰游戏

每个小组的成员手工自制微型风筝，然后走到课堂外附近的空地上，放飞风筝并以放飞线长短区分名次，风筝飞得最远最高的小组上台分享感受。（或随机选择一位同学讲一个不超过5分钟的故事，请其他同学点评。）

风筝

3.3 新知识技能学习

　　决策
　　工作任务分解
　　资源配置
　　计划书编制
　　执行计划

新精英生涯（北京）教育科技有限公司的创始人古典说"梦想需要悉心照料"，提出了梦想落地的策略：有了梦想先行动，90天以后再公布，以免丧失行动的动力；尽快找到梦想的现实投影——榜样；尽快从梦想中清醒，找到梦想的障碍以及与梦想配套的行动方案。

加布里埃尔·厄廷根（Gabriele Oettingen）教授基于积极思维改进而来的WOOP模型，采用愿望（Wish）—结果（Outcome）—障碍（Obstacle）—计划（Plan）循环来思考问题，就是先设定一个目标，想象这个目标达成后的美好结果，然后再思考实现目标的障碍，接着制订计划去攻破这些障碍。

　　[强化学习] 加布里埃尔·厄廷根. WOOP思维心理学[M]. 吴国锦, 译. 北京：中国友谊出版公司, 2015.

目标（Objectives）**代表理想状态**，与现实状态是有差距的，只有行动可以消除这个差距，而这个差距就是我们确定行动合理的出发点，**确定如何行动就是计划的关键和本质**，计划书就是具体的行动方案。

计划这个术语有两种理解：可以作为一种管理活动，**为目标实现设计行动组合、寻找配套资源**；也可是表述这种活动的媒体形态。两者经常被混淆使用，这里我们是区分开来的，前者称为计划，后者称为计划书。

计划的起点是目标，核心是行动，通过合理的行动来达成目标。中层管理者通常对目标没有讨价还价的权利，要做的是制订合适的行动方案，来完成上司分解给自己及其下属的目标。

目标是未来的事情，未来存在不确定性。计划用可预见的行动加以应对（表现为更高水平的秩序与效率），以减轻不确定性对目标实现的负面冲击。可见，计划的价值具体体现在**合理行动、取得资源和控制风险上**，其中**人员、资金和时间**是最容易受到约束的有限资源。

计划管理的工作流程是以计划价值的体现来设计的，中层管理者的工作流程包括以下这些主要环节：

- 目标识别/设定
- 任务分解
- 资源配置
- 文档编写
- 执行跟踪
- 考核反馈

决策

卢比孔河是古罗马时候罗马和高卢的分界线。公元前49年，恺撒带领军队来到卢比孔河的河边。按照当时的罗马法律，任何指挥官都不可跨越卢比孔河进入罗马，否则就算是叛变。但是，恺撒心意已决，决定要渡河去攻打罗马。他知道，迈出去这一步，就再也没有回头路可走了。渡河时，他说了这样一句话："骰子已经掷出，就这样了！"

面对不确定的未来,需要在风险中行动,作为管理者的你该如何选择?

[**强化学习**] 宁向东的清华管理学课009讲. 冲动基因:为什么会有人选择冒险. 得到App.

实现目标可以有多种路径与方案,管理者可能面临多种选择,我们可以依赖直觉,更需要理性分析。这就需要借助决策树、盈亏平衡法等工具,帮助管理者从多个候选项中选择相对较好的方案(标准可能是最优的、可能是满意的,甚至是最可能的),这个过程也被称为**决策**。亨利·明茨伯格(Henry Mintzberg)在《管理者而非MBA》一书中写道,"有个老笑话说MBA(工商管理硕士)三个字母代表的是靠分析来管理(Management by Analysis),不过这根本就不是笑话。"

方法:决策树法

决策树(Decision Tree)是在已知各种情况发生概率的基础上,通过构成决策树来求取净现值的期望值大于等于零的概率,评价项目风险,判断其可行性的决策分析方法。

决策树是由决策节点、状态节点、结果节点组成的树形图,如图3-3所示。

决策节点(Decision Node),用矩形框来表示,引出候选方案分枝。

状态节点(State Node),也称机会节点,用圆圈来表示,引出方案的概率分枝。

结果节点,用三角形来表示,说明方案在某种概率下的损益值。

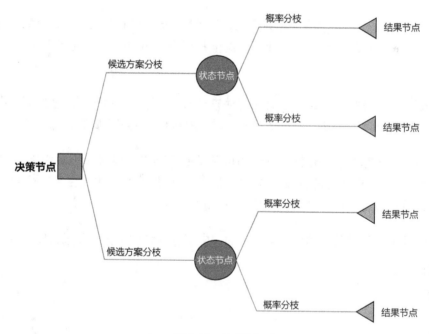

图3-3 决策树

案例:重庆缙云山国家级自然保护区(内含重庆市植物园)位于重庆市北碚区嘉陵江小三峡之温塘峡西岸,距重庆市中心35千米,古名巴山。缙云山林海苍茫,奇峰耸翠,九峰峥嵘排空,素有"川东小峨眉"之称。

其中,白云竹海风景区有农家乐一条街,是重庆酷暑期间避暑胜地。农家乐在准备2018年7~8月暑假生意高峰期的运营,要么投资5万元将床位从20张扩建到30张,要么维持现有的20张床位,这取决于7~8月的天气状况。7~8月的天气状况如图3-4、图3-5所示。

(1)绘制决策树。先画一个方框作为决策节点,表示必须在两个或两个以上的选择中做出决策;按从左到右的顺序,从决策节点引出若干条线,每一条线代表一个候选方案,连线称为方案枝。

在方案枝末端画上一个圆圈作为状态节点,表示一个候选方案可能发生的各种自然状态;从状态节点引出若干条概率枝,代表问题的各种可能自然状态(结果)。

(2) 评估、计算每种自然状态的发生概率及损益值(也称期望值)。重庆地区2018年7~8月的气温可能高于以往,也可能与往年持平,我们根据历年的气象数据进行预测:高温天气概率30%,平常天气概率70%,并将状态概率标记在概率枝上。

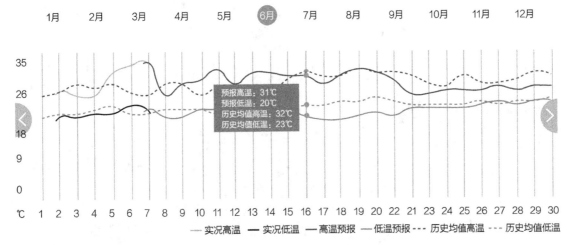

图3-4 重庆城区2018年7月天气预报

(数据来源:中国天气网)

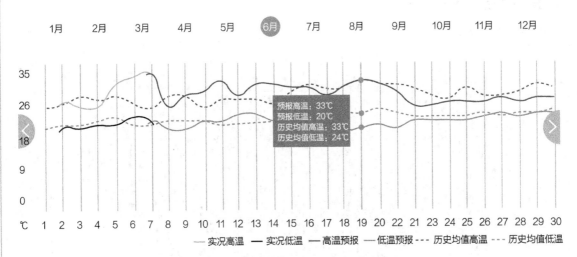

图3-5 重庆城区2018年8月天气预报

(数据来源:中国天气网)

农家乐每张床位每天消费标准150元,如果气温高,床位能全部租出去;如果气温平常,床位能租出去60%。每种自然状态的发生概率及损益值如下:

扩建方案在气温高时的损益值 = 30% × 150 × 30 × 60 = 81 000(元)
扩建方案在气温平常时的损益值 = 70% × 150 × 30 × 60% × 60 = 113 400(元)
维持方案在气温高时的损益值 = 30% × 150 × 20 × 60 = 54 000(元)
维持方案在气温平常时的损益值 = 70% × 150 × 20 × 60% × 60 = 75 600(元)

(3) 计算每个候选方案的价值(损益值的净值),选择最高价值对应的方案作为决策者的选择。在这个案例中,扩建方案的价值131 000元最高,因此,农家乐选择扩建方案。

扩建方案的损益值 =81 000 +113 400 −50 000 =144 400（元）

维持方案的损益值 =54 000 +75 600 =129 600（元）

另外，Precision Tree 或 TreeAge 能快速自动完成决策树的绘制、计算与分析过程。

农家乐建设项目决策树如图 3−6 所示。

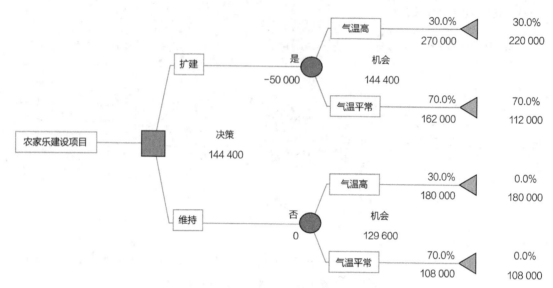

图 3−6　农家乐建设项目决策树

方法：盈亏平衡分析法

盈亏平衡点原理如图 3−7 所示。

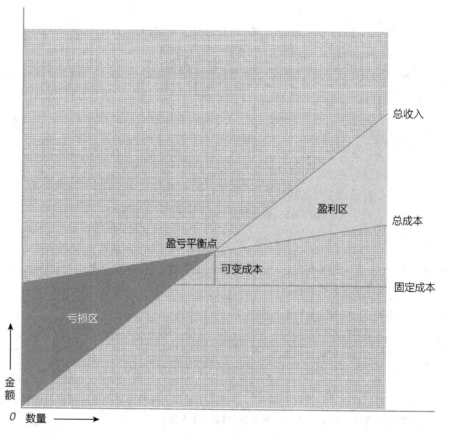

图 3−7　盈亏平衡点原理

盈亏平衡分析法是通过盈亏平衡点分析项目成本与收益的平衡关系的一种方法。盈亏平衡点（Break Even Point，BEP）又称零利润点、保本点、盈亏临界点、损益分歧点、收益转折点，通常是指全部销售收入等于全部成本时（销售收入线与总成本线的交点）的产/销量，盈亏平衡点＝固定成本/（1－可变成本/销售收入）。当销售收入高于盈亏平衡点时盈利；反之，就亏损。盈亏平衡点可以用销售量来表示，也可以用销售额来表示。

美国心理学畅销书作家奇普·希斯和丹·希斯两兄弟在《决断力：如何在工作与生活中做出更好的选择》一书中总结了科学决策共分4步：

（1）增加选项。一般人的做法是有什么选项就从这些选项里选，而高级做法是努力增加选项。看清自己有哪些选项，努力增加选项非常关键，这是熟手与新手泾渭分明的分界线。最简单的增加选项的办法，就是看看别人是怎么做的。

（2）评估每个选项的优劣。不要先入为主，而要向很多人寻求意见，以获得更客观的评估。陈春花教授认为，首因效应、晕轮效应、新近效应和角色固着四个人际错觉，以及不易察觉的个人偏好，导致管理者在决策的过程中会有很多局限性，这些局限性是有效决策的障碍。当人心里有明显偏好的时候，就很容易听不进去反面的意见。

（3）从选项中作选择。不要被短期利益，比如高工资所蒙蔽，要从长远考虑人生的终极目标。任何分析都有限，到头来你可能还是面临两难选择。这时候，只能靠价值观来定夺。所谓的价值观就是你的优先级，就是你认为什么重要，什么不重要。

（4）为未来的不确定性作准备，也就是备有后手，要确保选择不给我们带来灾难性的后果。

[强化学习] 万维钢. 关于如何进行科学决策的清单. 微信公众号：罗辑思维. 2017年7月5日.

学习笔记/评论

学习本知识技能点后，对其等级评价：　＋赞☆☆☆☆☆　分享/转发☆☆☆☆☆

工作任务分解

工作任务分解是将上级下达的目标视作任务，将其按照职责权限规定，在下属中分配，采用的管理工具是工作分解结构（WBS）。

WBS在形式上通常是一种面向成果的树，以可交付成果逐层分解细化为相应的工作内容，WBS确定了工作项目的整个工作范围。WBS必须建立多位工作编码，确保每项工作内容有唯一的编码。

Loog 地产报建阶段初步设计方案报建的工作任务分解见表 3-2。

表 3-2 Loog 地产报建阶段初步设计方案报建的工作任务分解

编号	WBS	任务名称	工期/天	前置任务	责任部门
		阶段	初步设计报建	81	
1	1	报建前准备工作	8		开发部
2	1.1	落实报建资料清单	7		开发部
3	1.2	对内提交资料清单	1	2	开发部
4	2	取得合格可报送文本	0		设计部
5	3	报建资料准备并报送	3	4	总经办
6	3.1	报建资料准备	1		开发部
7	3.2	报建资料审核	1	6	开发部
8	3.3	资料报送各专业部门	1	7	开发部
9	4	人防专业报建的阶段	6		开发部
10	4.1	报经规划审核通过的方案交给市人防办	1		开发部
11	4.2	项目防空地下室设置意见审批	5	10	开发部
12	5	获得防空地下室设置意见通知书	0	9	开发部
13	6	人防专业报建后阶段	49	12	开发部
14	6.1	缴纳人防易地建设费	3		开发部
15	6.2	进行人防方案设计	15	11	开发部
16	6.3	取得方案	7	15	开发部
17	6.4	进行人防初步设计	20	16	开发部
18	6.5	审查意见通知书	7	17	开发部
19	7	专项审查	7	5	开发部
20	7.1	消防审查并取得审查意见	7		开发部
21	7.2	防雷审查并取得审查意见	5		
22	7.3	绿化报建并取得审查意见	7		
23	8	环保设计及报建	70	5	
24	8.1	建设项目环境保护申报	1		
25	8.2	取得预审意见（环境影响评价要求通知书）	5	24	
26	8.3	委托环境影响评价公司	5	25	
27	8.4	编制环境影响评价报告	20	26	
28	8.5	报送环境保护局（报审版）	1	27	
29	8.6	上专家评审会讨论并通过	5	28	
30	8.7	向环境保护局提交报批文本（报批版）	1	29	
31	8.8	环境保护局做出批复	5	30	
32	8.9	防治污染设施与主体工程同时设计、同时施工、同时投产使用（"三同时"）	20	31	
33	8.10	"三同时"审查备案	2	32	
34	8.11	获得《建设项目环保设计审查意见》	5	33	

(续)

编号	WBS	任务名称	工期/天	前置任务	责任部门
35	9	报建设委员会审查	29	19	
36	9.1	各项资料报建设委员会窗口	1		
37	9.2	经办人读图	3	36	
38	9.3	安排现场勘查	1	37	
39	9.4	确定上会时间	5	38	
40	9.5	建设委员会上会	1	39	
41	9.6	建设委员会出纪要	3	40	
42	9.7	取得上会纪要（建筑组接口）	0	41	
43	9.8	取得建设委员会批复	15	42	

绘制出 WBS 后，再将工作分析结构的结果以表格形式表示，并且为每项活动指定明确的责任者，就形成责任矩阵（Responsibility Matrix，RM）。责任矩阵清晰地显示出完成工作分解结构中工作包的个人责任，以及其在其中的地位与角色。

[**强化学习**] 格雷戈里·T. 豪根. 有效的工作分解结构 [M]. 广联达慧中软件技术有限公司，译. 北京：机械工业出版社，2005.

[**练习**]

在空白纸上画出创业项目/实习实训项目的任务分解图/表。

学习笔记/评论

学习本知识技能点后，对其等级评价： +赞☆☆☆☆☆　分享/转发☆☆☆☆☆

资源配置

可用来实现目标的组织资源总是有限的,尤其是人员、资金和时间,计划管理的着重点就是这些**资源的合理配置,以及如何在组织中争取到这些资源**。所谓资源合理配置,就是资源在实现目标上的效用最大化。

如果实现目标的行动是相对简单的,涉及的工作环节(活动)比较有限,比如进大学招聘宣讲、召开表彰会议等,直接使用甘特图就可以配置所需要的资源(主要是时间进度的合理化)。

方法:甘特图

甘特图(Gantt Chart),也称横道图,以图示的方式通过活动列表和时间刻度形象地表示出任何特定项目的活动顺序与持续时间,横轴表示时间,纵轴表示活动(项目),线条表示在整个期间内计划和实际的活动完成情况。甘特图(如图3-8所示)由亨利·劳伦斯·甘特(Henry Laurence Gantt)发明。

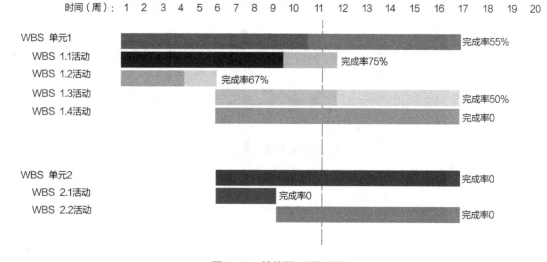

图3-8 甘特图(原理图)

甘特图与工作分解结构结合,可使用百分比阴影和垂直线"今天(Today)"行显示当前计划状态。推荐使用Microsoft Excel 或者 Project 来绘制甘特图,如图3-9所示。

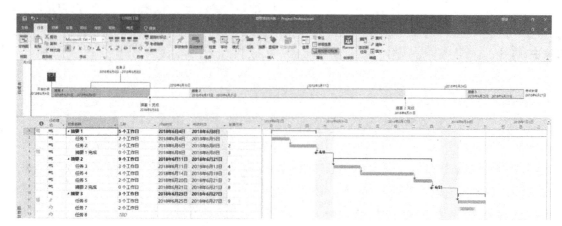

图3-9 Microsoft Project 绘制的甘特图

如果实现目标的行动是复杂的,涉及众多紧密关联的工作环节(活动),比如开发新药、修建桥梁等,这就要引入**项目管理**理念,使用计划评审技术来系统化配置所需要的组织资源。

计划评审技术

计划评审技术(Program Evaluation and Review Technique,PERT),是以网络图为基础的计划模型,用来描述和分析项目所包含的每项任务。PERT 使用**网络图**(Network Diagram,如图3-10所示)描述项目包含的各种任务(也称为活动)的先后次序,标明每项任务(活动)的时间或相关的成本。

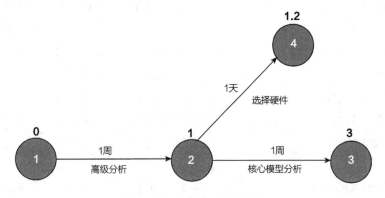

图 3-10　网络图(原理图)

网络图涉及事件、活动和关键路线几个主要概念。

活动(Activities)是指项目中被分解出来的工作,用圆圈表示。

事件(Events)表示活动的开始或结束,用箭头线表示。

路线(Path)是项目从开始到结束的所有活动序列,用从开始到结束的一组圆圈+箭头线表示,关键路线(Critical Path)是项目从开始到结束花费时间最长的那组活动序列。

计划评审技术的应用步骤:

(1)确定完成项目必须进行的各项活动。

(2)确定所有活动完成的先后次序。

(3)绘制活动流程从起点到终点的网络图,明确表示出每项活动及其他活动的关系,网络图中的圆圈、箭头线在 Microsoft Project 中常用块状图或甘特图代替。

(4)估计和计算每项活动的完成时间,通常按照公式(最短时间+4×最可能时间+最长时间)/6 估算。

表 3-3 是开办新公司的活动列表。

表 3-3　开办新公司的活动列表

	任务名称	工期	开始时间	完成时间	前置任务
1	第一阶段:制订战略计划	29 个工作日	6月4日	7月4日	
2	自我评估	3 个工作日	6月4日	6月6日	
3	定义业务构想	1 个工作日	6月4日	6月4日	
4	确定可供使用的技能、信息和支持	1 个工作日	6月5日	6月5日	3
5	决定是否继续进行	1 个工作日	6月6日	6月6日	4

(续)

	任务名称	工期	开始时间	完成时间	前置任务
6	**定义机会**	**10 个工作日**	**6 月 7 日**	**6 月 20 日**	
7	进行市场和竞争情况调研	1 个工作日	6 月 7 日	6 月 7 日	5
8	拜访类似业务的经营者	5 个工作日	6 月 8 日	6 月 14 日	7
9	确定所需的资源	2 个工作日	6 月 15 日	6 月 18 日	8
10	确定经营成本的构成要素	2 个工作日	6 月 19 日	6 月 20 日	9
11	**评估开展新业务的途径**	**4 个工作日**	**6 月 21 日**	**6 月 26 日**	
12	定义对新实体的需求	1 个工作日	6 月 21 日	6 月 21 日	10
13	确定未来的业务并购机会	1 个工作日	6 月 22 日	6 月 22 日	12
14	研究特许经营的可能性	1 个工作日	6 月 25 日	6 月 25 日	13
15	总结开展新业务的途径	1 个工作日	6 月 26 日	6 月 26 日	14
16	**评估潜在风险和回报**	**10 个工作日**	**6 月 22 日**	**7 月 2 日**	
17	评估市场规模和稳定性	2 个工作日	6 月 22 日	6 月 25 日	12
18	估计竞争情况	1 个工作日	6 月 26 日	6 月 26 日	17
19	评估得到所需资源的可能性	2 个工作日	6 月 27 日	6 月 28 日	18
20	评估能够实现的初始市场份额	1 个工作日	6 月 29 日	6 月 29 日	19
21	确定财务方面的需求	2 个工作日	6 月 27 日	6 月 28 日	15
22	审查个人是否适合这项工作	1 个工作日	6 月 29 日	6 月 29 日	21
23	评估初期的盈利能力	1 个工作日	7 月 2 日	7 月 2 日	22
24	**审阅并修改战略计划**	**2 个工作日**	**7 月 3 日**	**7 月 4 日**	23
25	**确认要付诸实施的决定**	**0 个工作日**	**7 月 4 日**	**7 月 4 日**	24
26	**第二阶段：定义业务机会**	**26 个工作日**	**7 月 5 日**	**8 月 10 日**	
27	**定义市场**	**13 个工作日**	**7 月 5 日**	**7 月 23 日**	
28	获取能够得到的信息	1 个工作日	7 月 5 日	7 月 5 日	25
29	制订市场分析计划	2 个工作日	7 月 6 日	7 月 9 日	28
30	实施市场分析计划	5 个工作日	7 月 10 日	7 月 16 日	29
31	确定竞争情况	2 个工作日	7 月 17 日	7 月 18 日	30
32	总结市场环境	2 个工作日	7 月 19 日	7 月 20 日	31
33	确定目标市场定位	1 个工作日	7 月 23 日	7 月 23 日	32
34	**确定所需的材料和供应**	**7 个工作日**	**7 月 24 日**	**8 月 1 日**	
35	选择一种开展业务的途径（从上面的"总结开展新业务的途径"）	2 个工作日	7 月 24 日	7 月 25 日	28SS, 33
36	确定管理人员资源	1 个工作日	7 月 26 日	7 月 26 日	35
37	确定人员需求	1 个工作日	7 月 27 日	7 月 27 日	36
38	确定所需的原材料	1 个工作日	7 月 30 日	7 月 30 日	37
39	确定所需的工具	1 个工作日	7 月 31 日	7 月 31 日	38
40	总结经营开支和财务预测	1 个工作日	8 月 1 日	8 月 1 日	39
41	**评估潜在风险和回报**	**6 个工作日**	**8 月 2 日**	**8 月 9 日**	

（续）

任务名称		工期	开始时间	完成时间	前置任务
42	评估市场规模和稳定性	2个工作日	8月2日	8月3日	40
43	评估得到所需资源的可能性	2个工作日	8月6日	8月7日	42
44	预测财务回报	2个工作日	8月8日	8月9日	43
45	……				

（数据来源：Microsoft Project）

(5) 基于绘制好的网络图，制订出包括每项活动开始和结束日期的工作计划，或者标识出项目的关键路线，优化项目的资源分配。

"开办新公司"的项目甘特图如图3-11所示。

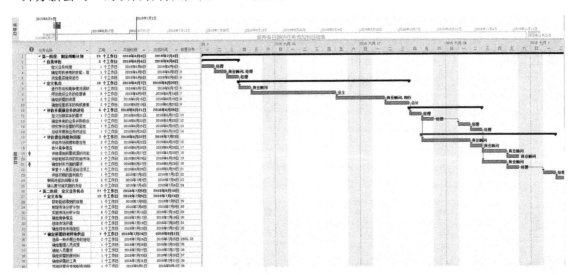

图3-11 "开办新公司"的项目甘特图

"开办新公司"的项目网络图如图3-12所示。

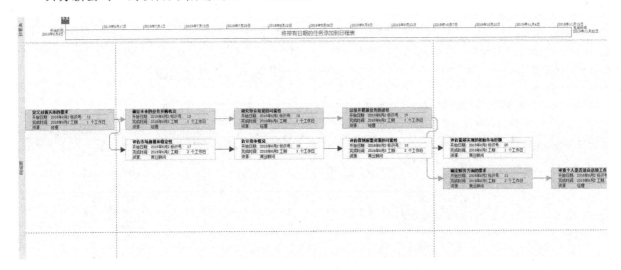

图3-12 "开办新公司"的项目网络图

网络图的绘制和计算，通常采用 Oracle Primavera P6、Microsoft Project 等项目管理软件来快速完成。

[练习]

访问自己学校的教务处，询问课表是如何编排出来的，尤其是时间、场地和教师等有限资源如何合理调配？

学习笔记/评论

学习本知识技能点后，对其等级评价：　　+赞☆☆☆☆☆　　分享/转发☆☆☆☆☆

计划书编制

计划书是记载实现目标的**行动方案**的文档，而清晰的目标与内容、明确的方法与流程、必要的资源配置（人员、资金、时间）、可能的风险与控制就是说明行动方案的典型要素（简化版本就是5W1H），不同类型/层次的计划会有差别。表3-4是汽车制造与装配技术专业的课程表。

表3-4　汽车工程学院汽车制造与装配技术专业1601班课程表（计划书的一种形式）

时间		星期一	星期二	星期三	星期四	星期五	星期六	星期日
上午	第一节	汽车制造加工技术 2-9（1，2） 李慧 QC207	汽车装配工艺编制与工装夹具设计 2-9（1，2） 陈心赤 QC207	汽车综合故障诊断 2-9（1，2） 陈卫东 QC106	UG数控编程技术 2-9（1，2） 蒋志勤 QC207	汽车综合故障诊断 2-9（1，2） 陈卫东 QC106	汽车装配生产与质量管理 2-5（1，2） 张俊峰 10-512	
	第二节							

(续)

时间		星期一	星期二	星期三	星期四	星期五	星期六	星期日
上午	第三节	汽车制造加工技术 2-9 (3, 4) 李慧 QC207	汽车装配工艺编制与工装夹具设计 2-9 (3, 4) 陈心赤 QC207	汽车综合故障诊断 2-9 (3, 4) 陈卫东 QC106	UG数控编程技术 2-9 (3, 4) 蒋志勤 QC207	汽车综合故障诊断 2-9 (3, 4) 陈卫东 QC106	汽车装配生产与质量管理 2-5 (3, 4) 张俊峰 10-512	
	第四节							
下午	第五节		汽车装配工艺编制与工装夹具设计 2-9 (5, 6) 陈心赤 QC109				汽车装配生产与质量管理 2-5 (5, 6) 张俊峰 10-512	
	第六节							
	第七节	就业指导与职业发展（2）6-9 (7, 8) 李姝 9-412	汽车装配工艺编制与工装夹具设计 2-9 (7, 8) 陈心赤 QC109				汽车装配生产与质量管理 2-5 (7, 8) 张俊峰 10-512	
	第八节							
晚上	第九节							
	第十节							
	第十一节							

计划书的编写取决于计划事项的复杂程度、要求高低，可以很简单，就像**课表**（Subject Timetable）这样的一张表格，也可能更为复杂，像建设厂房这样的项目，其构成要素有6个方面。

- 背景/依据（Why）
- 目的/内容（What）
- 方法/流程（How）
- 资源/权限（Resources）
- 输出结果（Output）
- 风险预防（Risk）

计划书编制的关键不在于形式，而在于有限资源的合理配置，以及如何在组织中争取到这些资源。另外，**计划书的编制是管理者与下属互动的过程**，让下属较为充分地参与，既能保证计划书编制得科学合理，也能在执行阶段减少阻力。计划书编制出来后，还要与下属充分沟通，使其准确理解与执行。

执行计划

执行计划是遵循 PDCA 循环的原理进行的，中层管理者的工作方式可以是，每天总结，改进完善；每周总结，修正目标；循环往复，天天向上。

在计划管理中，"计划没有变化快"可能导致计划失灵吗？其实，这只是说明计划面临着未来不确定性，存在影响目标实现的潜在风险，但并非有些人所理解的做计划是没有用的事情，恰恰相反，更需要有计划管理的存在，才能降低这种风险。

针对未来不确定性，管理者可以预先采用缩短计划周期的**滚动计划**（Rolling Plan），以及同时编制 AB 计划的**备用计划**方式，进行计划的主动跟踪和动态调整，增强计划的弹性。而在风险暴露出来时，还可以启动**危机管理**进行干预和补救。

方法：滚动计划法

滚动计划是先按照"近细远粗"原则动态编制计划书，每执行完预设期（又称为滚动期）后，根据未来变化和执行结果，将后续期限内的计划逐步调整细化。每次调整时，保持原计划期限，而将计划期顺序向前推进一个滚动期。如图 3-13 所示。

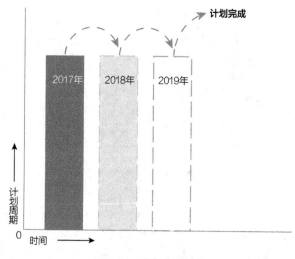

图 3-13 滚动计划法

[强化学习] 1. 陈春花. 管理的常识：让管理发挥绩效的 8 个基本概念 [M]. 北京：机械工业出版社，2016.
2. 蒂姆·哈福德. 卧底经济学 [M]. 赵恒，译. 北京：中信出版社，2017.

学习笔记/评论

学习本知识技能点后，对其等级评价：　　+赞☆☆☆☆☆　　分享/转发☆☆☆☆☆

3.4 分享与评估

分享与交流

学习团队继续完成真实任务，提供任务单所要求的文档，并利用"完成情况评估图"，由自我、同伴、教师（师傅）进行评估。之后，将对本单元知识技能的理解（可采用ORID法进行学习回顾）、访问任务单中企业的概况、工作任务的完成结果、学习过程反思等制作成 3~5 分钟的高清"**微视频**"，派代表在课上进行 6~8 分钟的分享交流，并由其他团队进行**同伴评价**。

完成情况评估

工作任务完成情况评估雷达图如图 3-14 所示。

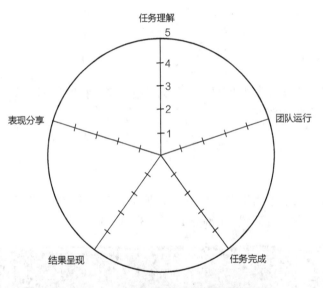

图 3-14　工作任务完成情况评估雷达图

注：从"任务理解、团队运行、任务完成、结果呈现、表现分享"五个维度，对本工作任务学习及完成情况，由自我、同伴、教师（师傅）进行评估，用颜色笔以5分制（分值越大越好）将评估结果绘制在图 3-14 中。

学习反思

首先，与团队、个人学习目标进行逐一对比，以清单列表或思维导图，分解出已完成和未完成两部分；其次，用 3~5 个关键词描述自己团队在完成这项工作任务的过程中未能解决的问题与所遇障碍；最后，对照最佳团队，归纳自己团队未完成部分的主要原因与对应责任，提交反思报告。

问题与障碍：

单元测验（建议在50分钟内完成）

问题：总结本单元学习的知识与技能，归纳提炼为3~6个关键词，并用这些关键词绘制本单元的知识地图/思维导图。（得分 1 2 3 4 5）

问题：走访家庭或学校附近正在装修的房屋，整理出这个项目的任务清单及花费的时间，用项目管理软件绘制网络图并计算关键路线。（得分 1 2 3 4 5）

问题：以你常去的一家大型超市为对象，绘制客户服务的工作流程网络图、平面布局图，计算和优化货架设置与各个时段上班人员配置。（得分 1 2 3 4 5）

永辉超市卖场

3.5 拓展学习

一文搞定"选择困难症"——《决断力：如何在工作与生活中做出更好的选择》

现代人面临的选择越来越多，选择困难症自然成了一种时代病，小到穿白衬衫还是黑T恤，吃中餐还是西餐，出租车司机问你走A路线还是B路线等鸡毛蒜皮的琐碎之事，以及择校选专业、求职、跳槽、结婚、离婚等关乎个人命运的要事，大到为企业、组织制定战略、确定方向、规划路线等影响深远的大事，都需要我们做出选择。选择质量与事件进展、最终效果高度相关，足见掌握科学选择方法的重要性。

分享奇普·希斯和丹·希斯两兄弟在《决断力：如何在工作与生活中做出更好的选择》一书中的一些观点

……

（资料来源：你先走. 一文搞定"选择困难症"——《决断力：如何在工作与生活中做出更好的选择》. 简书.）

> **要求**：在网上搜索并仔细完整地阅读这篇文章，之后用2~4个关键词归纳作者所表达的核心意思，再用图或表描述这篇文章与本章所学的哪些知识是相关的。

3.6 下一个工作任务

预学习"**第4章　流程设计与组织结构搭建**"。教师将课程数字化资源上传到选定的在线学习平台，要求学习者进入"真实工作任务"环节，与自己所在团队成员开始新的管理活动。

第 2 部分

组织

第 4 章　流程设计与组织结构搭建 // 064

第 5 章　人员配置 // 084

第 6 章　建立制度与规范 // 101

第4章 流程设计与组织结构搭建

箴言：学习不是为了拥有知识，而是为了解决问题。

任务单：重庆商社4S店组建P8产品事业部

长城汽车股份有限公司2018年发布了WEY品牌插电式混合动力豪华SUV P8车型。重庆商社旗下运营SUV的4S店，拟配合P8的上市销售，进行组织结构调整。

（图片来源：长城汽车官方网站）

任务：你被总经理授权负责组织结构重组，要求在两周内设计出4S店内部P8产品事业部的组织结构。

4.1 真实任务练习

任务解析

团队对任务单中问题的理解：

教师对任务单中问题的理解：
你的任务是搭建 P8 产品事业部的组织结构，实际上，却需要从 P8 的客户服务流程的梳理和设计开始，最终向上司提交流程图、组织结构图、责任分配矩阵和说明文档。

预备知识与技能：会使用思维导图、会使用阿里"钉钉"App、通过实地考察熟知 4S 店面运营基本知识、熟悉长城汽车股份有限公司主流现售车型。

新知识：组织结构（图）、业务流程（图）、管理层次与幅度、责任分配矩阵。

拟定学习目标

课程学习目标：
形成务实严谨的工作态度与良好的人际关系，使用数学或结构化逻辑思维分析与理解问题，文字组织条理清晰、表达流畅；能够梳理业务流程并绘制出业务流程图、设计出合理的组织结构并绘制出组织结构图、基于职位说明书完成责任分配并绘制出责任矩阵。

个人学习目标：

编制团队工作（学习）计划

团队共同讨论制订本期工作任务的计划，并填写在表 4-1 中。

表 4-1 团队工作（学习）计划表

年 月 日— 年 月 日

周日	周一	周二	周三	周四	周五	周六
周日	周一	周二	周三	周四	周五	周六

完成情况初步评估

工作任务完成情况评估雷达图(范例)如图 4-1 所示。

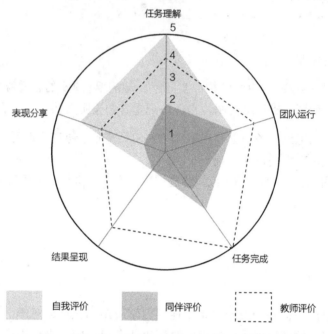

图 4-1　工作任务完成情况评估雷达图(范例)

工作任务完成情况评估雷达图如图 4-2 所示。

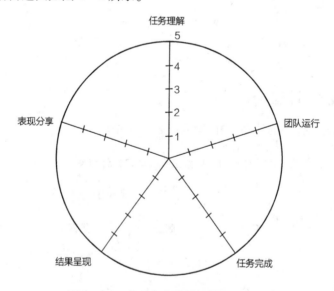

图 4-2　工作任务完成情况评估雷达图

注：从"任务理解、团队运行、任务完成、结果呈现、表现分享"五个维度，对本工作任务学习及完成情况，分别由自我、同伴、教师(师傅)进行评估，用颜色笔以 5 分制(分值越大越好)将评估结果绘制在图 4-2 上。

4.2 破冰游戏

以班级为单位,所有同学按照"班长/团总支书记—班委/团委—学习小组/宿舍"序列,依次排列成金字塔形,比较每个班级成型的速度和规范。(或随机选择一位同学讲一个不超过 5 分钟的故事,请其他同学点评。)

4.3 新知识技能学习

核心业务流程界定与优化
设计组织结构
划分岗位职责权限

通过目标设置—任务分解—计划书编制,确定出了具体的工作任务,而这些工作任务是需要团队来完成的,中层管理者如何将单个的员工组成整体性的团队呢?可以通过组织结构实现**个体到团队的组织化**。组织机构原理如图 4-3 所示。

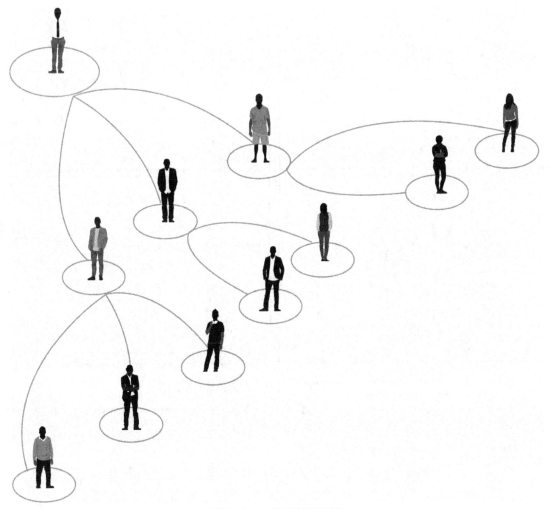

图 4-3 组织结构原理图

组织结构(Organizational Structure)是指人员的职责、权限和相互关系的安排,目的是围绕组织目标建立高效率的分工协作关系,表现形式为**组织结构图**(Organizational Chart)。组织结构可以分为机械式组织和有机式组织两大类。

亚马逊等知名企业的组织结构示意图如图4-4所示。

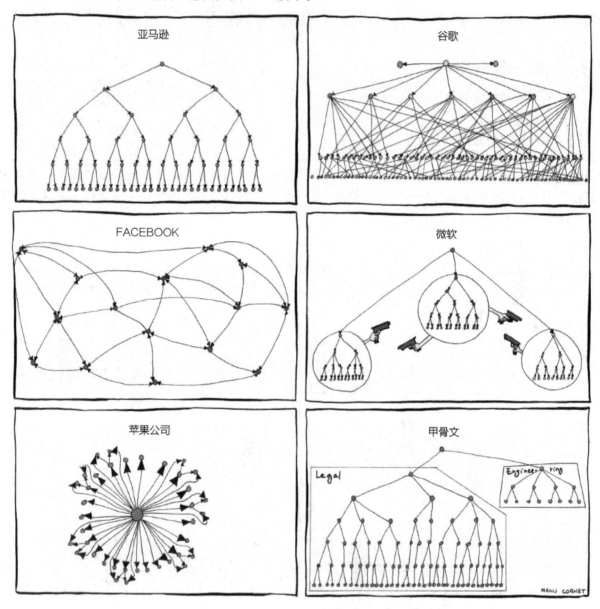

图4-4 亚马逊等知名企业的组织结构示意图

(资料来源:http://www.bonkersworld.net/organizational-charts.)

[强化学习] 1. 周诗勇. 工厂管理漫谈. 知乎.

2. 陈春花. 管理的常识:让管理发挥绩效的8个基本概念[M]. 北京:机械工业出版社,2016.

核心业务流程界定与优化

组织结构的设计（以及修改）可以是**基于职能**的（按照组织单元—协调与控制机制—职责权限步骤进行设计），也可以是**基于业务流程**的，基于业务流程的组织结构设计被越来越多的公司选择。

流程（Process）是一组将输入转化为输出的相互关联或相互作用的活动，业务流程（Business Process）是把一个或多个输入（客户要求、合同协议）转化为对顾客有价值的输出（产品或服务）的活动。业务流程通过业务流程图（Business Process Diagram，如图4-5所示）来呈现。

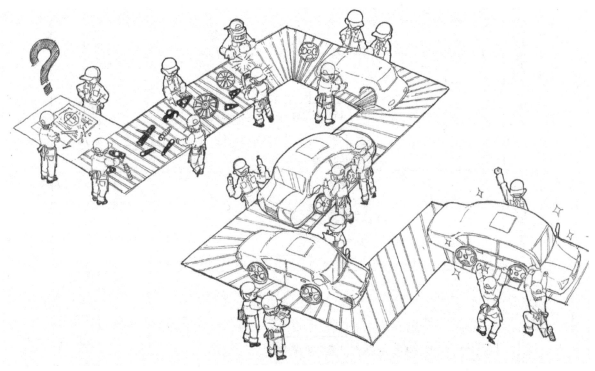

图4-5 业务流程示意图

业务流程设计过程：

（1）确定组织目标/用户需求，作为业务流程规划的起点与终点。

（2）**深度调研**。若是全新业务，用头脑风暴/样本（标杆）调查；若是既有业务，进行业务逻辑回顾。

（3）**流程模型梳理与呈现**。筛选出业务涉及的角色（参与者）、活动、顺序、规则（输入与输出），整理出流程表、流程图。

流程设计通常有4种建模方法：业务流程建模符号图（Business Process Modeling Notation，BPMN2）；事件驱动的过程链图（Event-Driven Process Chain，EPC）；价值链图（Enterprise Value Chains，EVC），描述企业创造价值过程中的基本活动和增值活动；流程图（Flowchart）。可根据使用习惯选择最适合的模型，通常不同的流程会选择不同的建模方法。

某影像中心业务流程如图 4-6 所示。

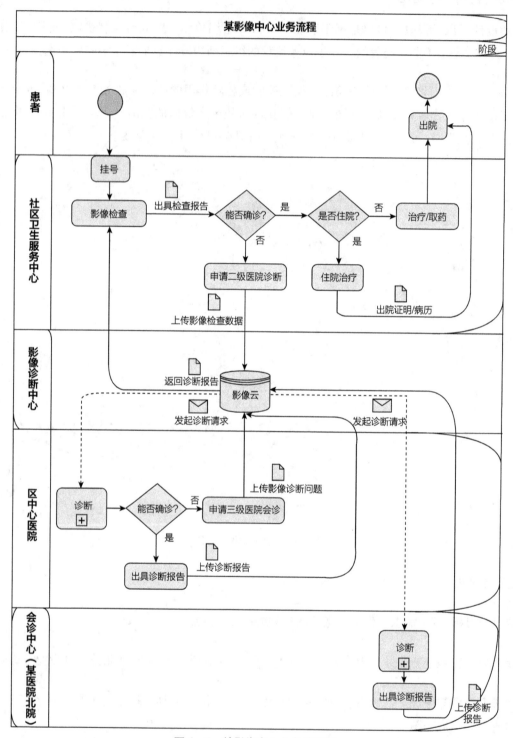

图 4-6　某影像中心业务流程图

这里先学习绘制标准化的流程图。其通常由两个维度的要素组成，分别是活动与角色（部门）。流程也可能分层级，这样一来，最顶层流程图可能比较复杂，分解出来的关键节点可能需要细化分解下去，视情况生成二级以及三级的子流程图。

[强化学习]　BPMN Specification-Business Process Model and Notation. http：/www.bpmn.org.

某职业学院新生报到工作流程（使用 Microsoft Visio 绘制的 BPMN2 图），如图 4-7 所示。

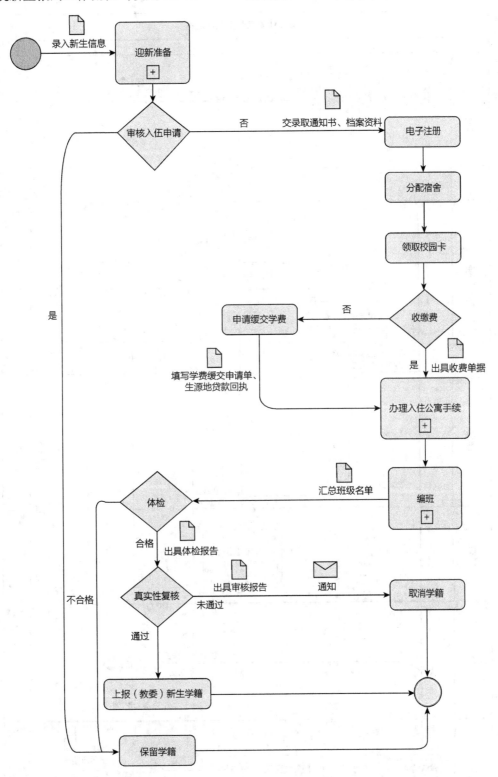

图 4-7　某职业学院新生报到工作流程（使用 Microsoft Visio 绘制的 BPMN2 图）

某职业学院新生报到流程（使用 Microsoft Visio 绘制的泳道流程图），如图 4-8 所示。

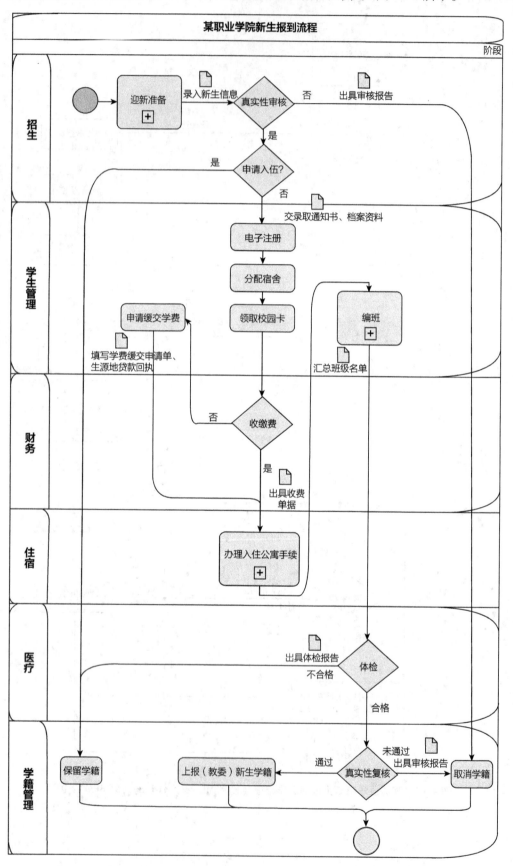

图 4-8　某职业学院新生报到流程（使用 Microsoft Visio 绘制的泳道流程图）

流程可以用**流程图或流程表**来表现，而 iGrafx Origins、Microsoft Visio 等流程管理软件能高效处理业务流程设计及流程图绘制工作，但是切记，软件只是辅助工具，并不能代替管理者自动设计出业务流程。

（4）**评审与确认**。评审业务流程梳理/设计是否符合现实，或者是否符合理想。

某职业学院新生报到工作流程（优化后）如图 4-9 所示。

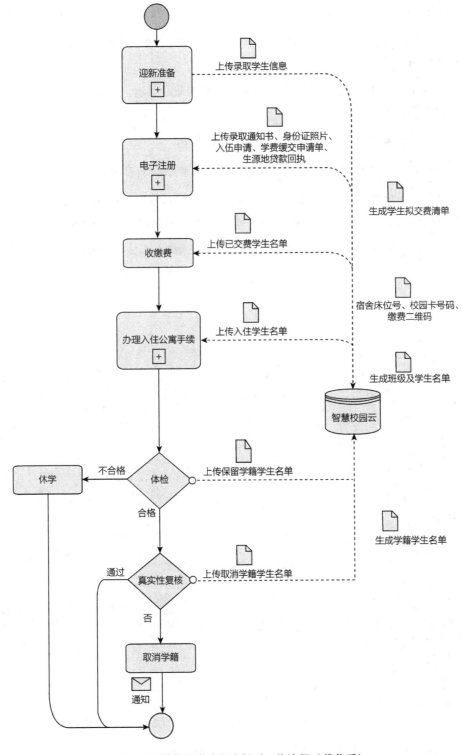

图 4-9 某职业学院新生报到工作流程（优化后）

(5) 归档维护。

[练习]

某市公安局公众信息网列出 110 接处警工作程序为：

(1) 接警记录　接警人员按照何人、何地、何时、何因、何果等要素要求，简明扼要地迅速问清情况，询问报警人的姓名、住址、单位、联系方式、事情发生的时间、地点和基本情况。

(2) 判断案情　接警人员根据询问的情况，应对案件（事件）的性质迅速做出判断，遇重大情况及时报告科长和值班主任。

(3) 迅速下达处警指令　根据案件（事件）性质，按照就近、属地、分工、联动等处警方案，及时向有关单位发出处警指令。

(4) 督促处警反馈　主动了解处警情况，及时收集反馈信息。

(5) 登录接处警过程　按要求对接处警全过程进行计算机登录和同步录音。

网络上归纳的拨打 110 后警方的工作流程为：报警—指挥中心受理—分配至对应处理部门—处理部门流转—民警签收—民警处理、反馈—指挥中心核实－纪委抽查。

根据某市公安局公众信息网以及网络列出的 110 接处警工作程序，绘制 110 接处警流程图。

学习笔记/评论

学习本知识技能点后，对其等级评价：　　＋赞☆☆☆☆☆　　分享/转发☆☆☆☆☆

设计组织结构

基于智能的组织结构设计曾经是最主流的,现在基于流程的组织结构设计更受欢迎,由此设计出来的组织结构被称为**流程型组织结构**,实际上这种结构是从矩阵型演变而来的扁平化组织结构:

(1)确定组织目标/用户需求。

(2)**界定核心业务流程**,绘制业务/管理流程图,比如,根据医院的功能定位,确定医院的核心业务流程,包括门诊、急诊、住院和科研等。某军医大学第二附属医院门诊就医流程1(使用 Microsoft Visio 绘制)如图 4-10 所示。

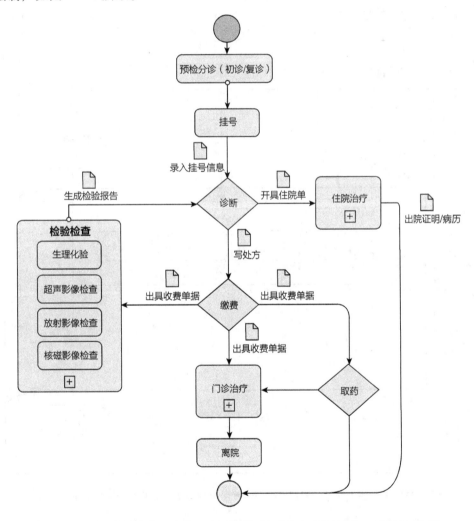

图 4-10　某军医大学第二附属医院门诊就医流程图 1(使用 Microsoft Visio 绘制)

(3)优化核心业务流程(去除缺失、冗余或不合理关联的"断点"),修改优化后的业务/管理流程图。

(4)**创建流程团队**,设置/归并职能单元。

(5)**设定衡量节点和绩效指标**。

某军医大学第二附属医院门诊就医流程2（使用 Microsoft Visio 绘制）如图4-11所示。

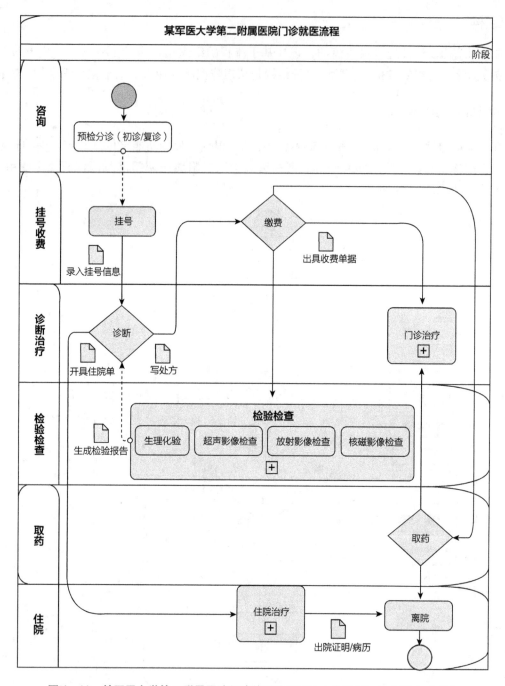

图4-11 某军医大学第二附属医院门诊就医流程图2（使用 Microsoft Visio 绘制）

（6）形成组织结构框架，绘制对应的组织结构图。

组织结构的典型形式有直线结构（简单结构）、职能结构、事业部结构（分部型结构）、矩阵型结构等，各有其适用范围。

组织结构图由节点和线条组成，其中，节点表示最小组织单元"**职位/岗位**"，实线线条表示职位之间的职责权限关系，虚线线条表示职位之间的业务联系，自上而下是指挥/命令关系。

某军医大学第二附属医院组织结构如图4-12所示。

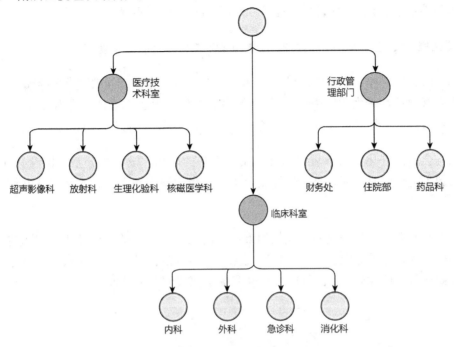

图4-12　某军医大学第二附属医院组织结构图（部分）

[**强化学习**] 1. 特里斯坦·布特罗斯. 过程改进手册：管理变革和提高组织绩效的指南 [M]. 郑玉彬，张英芝，申桂香，等，译. 北京：机械工业出版社，2017.

2. Karen Martin, Mike Osterling. Value Stream Mapping: How to Visualize Work and Align Leadership for Organizational Transformation [M]. New York: McGraw-Hill Education, 2013.

在组织结构图中，横向节点组成**管理幅度**（Span of Control，如图4-13所示），也就是管理者直接指挥的下属数量；纵向节点组成**管理层次**（Management Level），也就是从最高管理者到底层员工所经过的层级数量。

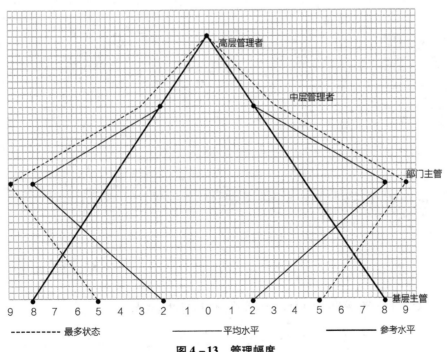

图4-13　管理幅度

（7）**设计职能职责模型**，定义组织各个职能单元的产出和目标、职责。

（8）**建立管理流程**，设定目标、绩效管理、资源配置、"空白地带"管理。

组织结构选择应服务于流程，实现组织目标/战略，判断标准是：产品和服务的质量最大化、最大限度地响应客户需求（灵活性最大化，用时最短）、效率最大化（返工率最低，成本最低）。其中，**一个上司原则**是铁的要求。一个领导可以有很多下属，但是一个员工，只能有一个领导。

未来的组织结构会怎样进化？埃森哲咨询公司在《未来的职场，没有办公室，也没有顶头上司……》这篇文章中设想了进化情况，那就是无边界企业出现，借助网络和通信技术将完成共同任务的人员连接起来。

试想一下：大型企业完全不受僵化的组织架构束缚，而是根据具体的工作任务临时组建各种团队，快速、高效地集中资源，开展短期项目；一旦新任务出现，新的团队又会再次成立、融合，继续推动业务发展……如此往复，良性循环。这样的"未来职场"离我们并不遥远。

[练习]

整理附近电影院的业务流程，据此设计电影院的组织结构，绘制出组织结构图，并用文字标注出管理层次与幅度。

学习笔记/评论

学习本知识技能点后，对其等级评价： +赞☆☆☆☆☆　分享/转发☆☆☆☆☆

划分岗位职责权限

岗位职责权限划分是指明确职位/岗位的工作任务、需承担的责任以及被授予的权限,具体体现为**责任分配矩阵**(Responsibility Assignment Matrix,也称职权分配矩阵)、**职位说明书**(Position Description)。责任分配矩阵、职位说明书可以在本书的"人员配置"部分详细学习。

责任分配矩阵设计逻辑如图4-14所示。

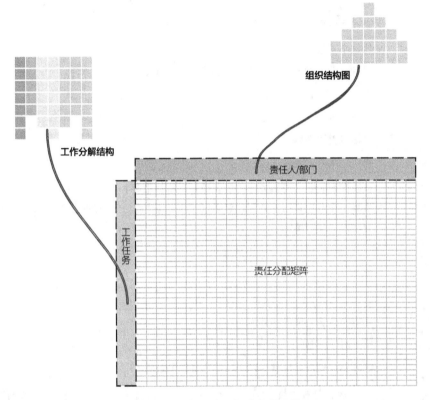

图4-14 责任分配矩阵设计逻辑

某制药公司职位说明书如表4-2所示。

表4-2 某制药公司职位说明书

职位说明书			
××制药		生效日期	
基本信息			
职位名称	政府事务总监	所属部门	政府事务部
职位职员人数	1	部门代码	
上下级关系			
(上级)总经理 (本级)政府事务总监 (下级)区域经理			
目的			
紧跟公司发展规划的要求,与政府部门、行业协会建立并保持良好关系,通过产品的社保进入、物价申报和备案等工作,为公司效益最大化提供支撑			

(续)

职位说明书			
主要职责			
1	与政府部门、行业协会建立良好关系并保持沟通		
2	负责产品的社保进入工作		
3	负责物价申报和备案工作		
4	分析国家及地区的物价、工商、招标、药监等影响行业发展的动态、机会,及时反馈信息,提供建议的解决方案		
5	协助学术推广		
6	受理、落实领导及其他部门需要完成的其他工作		
素质要求			
所需学历	本科及其以上		
所需外语水平	日语或英语熟练		
所需计算机水平	熟练使用办公软件		
所需工作经验	从事医药企业政府事务、市场营销、物价报批等相关行业3年及以上工作经验,熟悉政府事务工作及申报医保流程,熟悉国家医药政策,有较强的公共关系能力及分析决策能力,有较好的政府资源		
团队合作要求	[√]高　[ ]中　[ ]普通		
所需专业知识与经验	医药和企业管理等专业知识与经验		
工作条件			
工作场所	室内办公室,需要常外出		
工作时间	不定时工作制		
办公设备	计算机、电话、传真、打印、照相等办公设备		
职位负责人	部门经理审核		人力资源部审核
年　月　日	年　月　日		年　月　日

微软公司前战略合作总监刘润认为,在任何一个组织单元上,**责任、权力和利益**这三件事情必须要同时、对等地发生在一个主体身上。如果不对等,会在组织内引发恶性状态:权力独大,将会导致权力寻租;利益独大,就会引发内耗冲突;责任独大,一定催生消极怠工。

学习笔记/评论

学习本知识技能点后,对其等级评价:　+赞☆☆☆☆☆　分享/转发☆☆☆☆☆

4.4 分享与评估

分享与交流

学习团队继续完成真实任务，提供任务单所要求的文档，并利用"完成情况评估图"，由自我、同伴、教师（师傅）进行评估。之后，将对本单元知识技能的理解（可采用 ORID 法进行学习回顾）、访问任务单中企业的概况、工作任务的完成结果、学习过程反思等制作成 3~5 分钟的高清"**微视频**"，派代表在课上进行 6~8 分钟的分享交流，并由其他团队进行**同伴评价**。

完成情况评估

工作任务完成情况评估雷达图如图 4-15 所示。

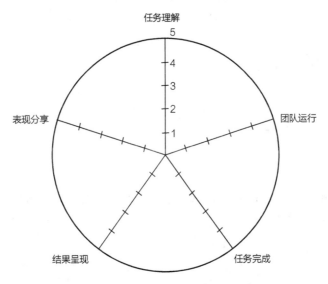

图 4-15　工作任务完成情况评估雷达图

注：从"任务理解、团队运行、任务完成、结果呈现、表现分享"五个维度，对本工作任务学习及完成情况，分别由自我、同伴、教师（师傅）进行评估，用颜色笔以 5 分制（分值越大越好）将评估结果绘制在图 4-15 中。

学习反思

首先，与团队、个人学习目标进行逐一对比，以清单列表或思维导图，分解出已完成和未完成两部分；其次，用 3~5 个关键词描述自己团队在完成这项工作任务的过程中未能解决的问题与所遇障碍；最后，对照最佳团队，归纳自己团队未完成部分的主要原因与对应责任，提交反思报告。

问题与障碍：

单元测验（建议在30分钟内完成）

问题：总结本单元学习的知识与技能，归纳提炼为3~6个关键词，并用这些关键词绘制本单元的知识地图/思维导图。（得分 1　2　3　4　5）

问题：梳理高铁乘客从购票到上车的全部流程，整理绘制成流程图，并标注出可以优化的环节与优化建议。（得分 1　2　3　4　5）

问题：选择城市商业区大型停车场进行观察，按照流程导向设计出停车场的组织结构，绘制组织结构图，并给出责任分配矩阵。（得分 1　2　3　4　5）

4.5 拓展学习

如何认识比自己优秀的人?

我知道很多人都想结识优秀的人,更想遇到自己的贵人。其实我自己也想,但除了想,我还会去思考,思考优秀的人在哪里?他为什么会想认识我?我能给他/她带去什么?他/她为什么愿意帮我?

在思维方式上,你首先要**换位思考优秀的人都有什么特点**。

在心态上,我们要懂得,**把自己变得更优秀才是认识优秀人脉的捷径**。

回到技术层面,**如何才能结识比自己优秀的人?**

……

(资料来源:弗兰克,如何认识比自己优秀的人?简书.)

> **要求**:在网上搜索并仔细完整地阅读这篇文章,之后用2~4个关键词归纳作者所表达的核心意思,再用图或表描述这篇文章与本章所学的哪些知识是相关的。

4.6 下一个工作任务

预学习"**第5章 人员配置**"。教师将课程数字化资源上传到选定的在线学习平台,要求学习者进入"**真实工作任务**"环节,与自己所在团队成员开始新的管理活动。

第5章　人员配置

任务单：重庆商社 4S 店组建 P8 产品事业部

长城汽车股份有限公司 2018 年发布了 WEY 品牌插电式混合动力豪华 SUV P8 车型。重庆商社旗下运营 SUV 的 4S 店，拟配合 P8 的上市销售，进行组织结构调整。

任务：你被总经理任命为 P8 产品事业部负责人，要求在 1 周内组成工作团队、人员配置到位。

5.1 真实任务练习

任务解析

团队对任务单中问题的理解：

教师对任务单中问题的理解：

你的任务简单说就是选人用人，基础是工作分析，核心是人员甄别与选拔，最终向上司提交职位说明书和选拔出来的团队成员名单。

预备知识与技能： 会使用思维导图、会使用阿里"钉钉"App、通过实地考察熟知 4S 店运营基本知识、熟悉长城汽车股份有限公司主流现售车型。

新知识： 工作分析、职位说明书、人员甄别技能、结构化面试。

拟定学习目标

课程学习目标：

形成务实严谨的工作态度与良好的人际关系，使用数学或结构化逻辑思维分析与理解问题，文字组织条理清晰、表达流畅；能够分析岗位人员需求、进行工作分析并编写出职位说明书、完成结构化面试。

个人学习目标：

编制团队工作（学习）计划

团队共同讨论制订完成本期工作任务的计划，并填写在表 5-1 中。

表 5-1　团队工作（学习）计划表

　　年　月　日—　年　月　日

周日	周一	周二	周三	周四	周五	周六
周日	周一	周二	周三	周四	周五	周六

完成情况初步评估

工作任务完成情况评估雷达图（范例）如图 5-1 所示。

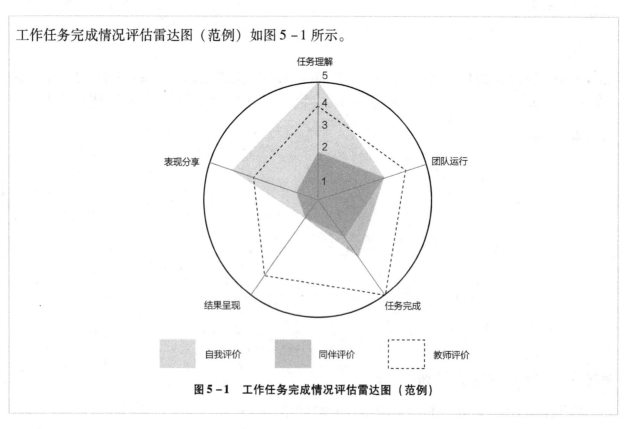

图 5-1　工作任务完成情况评估雷达图（范例）

工作任务完成情况评估雷达图如图5-2所示。

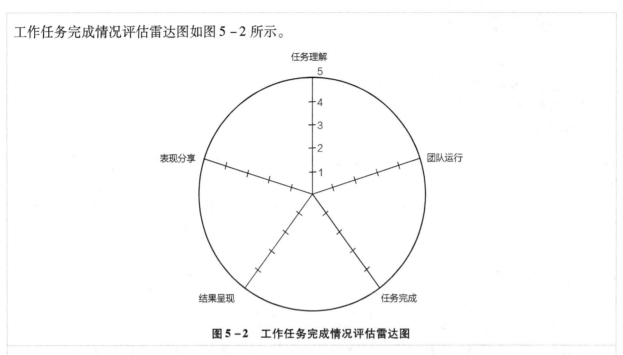

图5-2　工作任务完成情况评估雷达图

注：从"任务理解、团队运行、任务完成、结果呈现、表现分享"五个维度，对本工作任务学习及完成情况，分别由自我、同伴、教师（师傅）进行评估，用颜色笔以5分制（分值越大越好）将评估结果绘制在图5-2上。

5.2　破冰游戏

闭上眼睛用笔在图5-3中点击，重复3次，在图中随机选择3位学习者，再仔细看图，解释图上学习者在做什么。（或随机选择一位同学讲一个不超过5分钟的故事，请其他同学点评。）

图5-3　看图说话

5.3 新知识技能学习

岗位人员需求分析
工作分析与职位说明书编写
人员甄别/选拔
人员定向

组织结构搭建好了,其中每个岗位上所需要的人员从何而来?我们需要为每个岗位选拔合适的人员就任。

[强化学习] 1. 陈春花. 管理的常识:让管理发挥绩效的8个基本概念 [M]. 北京:机械工业出版社,2016.
2. 南勇. 给你一个公司看你怎么管:全3册 [M]. 长沙:湖南文艺出版社,2013.

岗位人员需求分析

(1) 调查所管理部门的人员配置现状。
(2) 根据部门目标预测对人员的需求,剔除**末位淘汰**人员的数量。
(3) 比较人员需求与现状的差距,再确定人员的实际需求,包括数量、结构、时间等要素。
(4) 编制**人力资源需求计划**,主要内容包括需求数量与结构、内部供应来源、供需差距处理办法——增补、提升、退出等,这些信息也可直接标注在组织结构图上。

学习笔记/评论

学习本知识技能点后,对其等级评价:　　+赞☆☆☆☆☆　　分享/转发☆☆☆☆☆

工作分析与职位说明书编写

如果是续存企业,只对有人力资源需求的岗位进行**工作分析**(Job Analysis),编写**职位说明书**;如果是初创企业,对所有岗位进行工作分析,编写职位说明书。

[强化学习] 周诗勇. 工厂管理漫谈. 知乎.

工作分析包括两部分活动:界定职位所要从事的**工作内容**和承担的**工作职责**,以及确定职位所需的**任职资格**。

- What,需要做什么?
- When,工作将在什么时间完成?
- Where,工作在哪里完成?
- How,如何完成工作?
- Why,为什么要做此项工作?

- Who，谁来做此项工作？

工作分析的方法有职务分析问卷法（PAQ）、工作要素法（JEM）、管理人员职务描述问卷法（MPDQ）、临界特质分析系统法（TTAS）、职能工作分析法法（FJA）、任务清单分析系统法（TIA）和关键事件法（CIM）等。

工作分析的典型步骤：

(1) 确定组织的任务、职位的目标：分析所考察职务在组织价值链中的位置以及所承担的目标，这是组织所赋予的任务。

(2) 明确工作所要解决的问题：也就是要确定工作中所要完成的任务（事情）。

(3) 确定完成工作的人：职位担当者的能力与资格，决定了组织目标和工作任务的完成程度与质量。

工作分析的结果是职位/岗位说明书。职位说明书包括**职位描述**与**职位规范**两部分，其中，职位描述部分说明职务属性、责任权利关系、工作内容等，职位规范部分说明任职者任用的资格与条件。职位说明书可用于招聘和选择员工、发展和评价员工、薪酬政策制定、业务流程改造的需要。表5-2是某公司财务部经理职位说明书。

表5-2 ××公司财务部经理职位说明书

职位说明书				文件编号 版本 受控状态 生效日期	
职位	财务经理	代码		所属部门	财务部
日期		制定人		直属上级	副总经理
职位描述						
组织公司财务人员贯彻执行国家财经法规、政策，完成日常核算、原始单据审核，编制财务报表，按时缴纳应缴税金，做好财务监督工作，完成上级下达的各项财务指标及工作任务					
工作内容					
负责全面财务工作 制定企业财务管理制度、政策 审核企业的原始单据及办理日常会计业务 编制会计凭证及登记会计账簿 编制会计报表并及时呈送总经理室 核算发放工资、奖金 每月检查库存现金、银行存款和库存商品，确保账实相符 保管银行印鉴中的财务公章 审查应交税金及其他应交款					
任职资格					
教育：财务管理相关专业本科毕业，具有财会人员国家职业资格证书 经验：10年工作经历、2年成本会计经历、4年主办会计经历 技能：熟悉企业财务制度、熟悉国家税法及政策、会会计核算、熟练使用财务软件及办公软件 态度：依法办事，坚持原则，客观公正，廉洁自律，学习意识强					

(续)

业绩衡量指标
及时结账率
成本控制达标率
销货资金回笼情况及时检查率
工作场地
办公室
职业危险性
基本无危险，无职业病危险

直接下属：出纳　　　间接下属：

[练习]

选择任意一种工作分析方法，对你的核心课程老师的工作进行分析，整理出简明的教师职位说明书。

学习笔记/评论

学习本知识技能点后，对其等级评价：　+赞☆☆☆☆☆　　分享/转发☆☆☆☆☆

人员甄别/选拔

保持组织活力的重要措施就是，人员有进有出，在组织内外合理流动。经验数据认为，理想的人员流动率为每年5%~10%，因此，人员甄别/选拔是我们的常态化工作（通常采用招聘方式），也是维持组织活力的基础工作。

成功的招聘 = 清晰的标准 × 有效的方法 × 合格的面试官

选人三板斧，即找什么样的人，如何找人，如何对待人？

首先，找什么样的人？

80%的招聘失败，源于缺乏清晰的选人标准。清晰的标准，来自对岗位工作职责、任务、绩效产出的务实梳理，也来自基于职业与任务的任职资格/胜任标准的专业推导。我们需要给能完成关键任务的候选人画一个像，确定要的是什么样的人才。

从短期看，自然是要找能够立马上手、直接产生绩效的人——最懂业务的人；从长期看，那就是要找能最快适应不确定性的人——最优秀（潜质）的人，对于这样的人，自然要加快他们的成长，所以要提拔、要流动。

西方的企业界将这句话奉为真理："We hire for attitude, and train for skill."（意为招募态度端正的员工，提供良好的培训）。态度（核心是价值观）决定一切，改变态度的难度，远远大于改变能力。以下4个建议可用于**寻找有态度（价值观匹配）的人**：

- 对于态度好、能力强的，破格使用。
- 对于态度差、能力弱的，坚决不用。
- 对于态度好、能力弱的，培养使用。
- 对于态度差、能力强的，限制使用。

价值观匹配矩阵如图5-4所示。

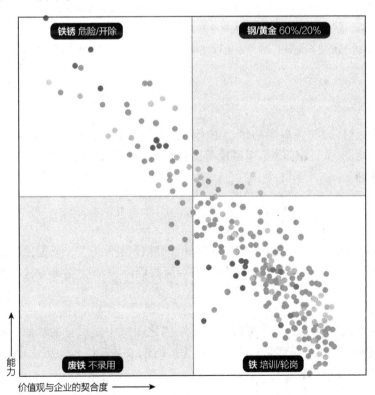

图5-4　价值观匹配矩阵

其次，如何找人？

我们必须选择一种合适的方法来判断一个人是否符合上述画像，最优秀的人，肯定不是靠流程招来的，都是要靠伯乐去找来的。最优秀的人在哪里都是香饽饽，都不缺发展的机会和空间。人员甄别/选拔，就是帮助我们发现应聘者隐性的素质与特征，预测其是否与岗位需求相符合，当好伯乐。

图5-5是冰山模型。

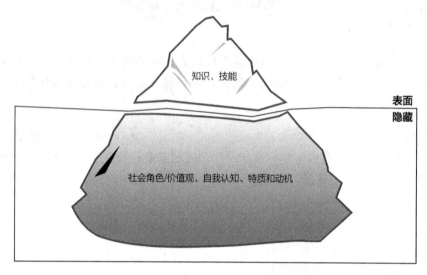

图5-5　冰山模型

注：美国著名心理学家麦克利兰1973年提出了素质冰山模型，将人员个体素质的不同表现划分为表面的"冰山以上部分"和隐藏的"冰山以下部分"。其中，"冰山以上部分"包括知识、技能，是外在表现，是容易了解与测量的部分，相对而言也比较容易通过培训来改变和发展。而"冰山以下部分"包括社会角色/价值观、自我认知、特质和动机，是人内在的、难以测量的部分。

（资料来源：http://wiki.mbalib.com/wiki/冰山模型）

选择有效的人员甄别/选拔方法会事半功倍，主流的技术工具有：自传（简历审核）、结构化面试、工作样本测试、人格特质测评、无领导小组讨论等。我们至少应当掌握三种工具：**结构化面试、工作样本测试和人格特质测评**。

1. 结构化面试

结构化面试（Structured Interview）是指根据特定职位的胜任特征要求，遵循固定的程序，采用专门的题库、评价标准和评价方法，通过考官小组与应聘者面对面的言语交流等方式，评价应聘者是否符合招聘岗位要求。

结构化面试也称"标准化"面试，力求克服传统非结构化面试中面试官的随意性和主观性。结构化面试分行为性面试与情境性面试，前者以过去关键行为推断未来关键行为（历史表现），后者考察置身职业情境中的行为反应（现在表现）。

行为性面试遵循STAR原则，是指按照情境（Situation）、任务（Task）、行动（Action）、结果（Result）的逻辑进行对象评价。

- 情境：事情是在什么情况下发生的？
- 任务：应聘者是如何明确自己的任务的？

- 行动：针对这样的情况分析，应聘者采取了什么行动？
- 结果：行为的结果怎样，应聘者从中学习到了什么？

美国华盛顿特区美国系统保护委员会的结构化面试流程如图5-6所示。

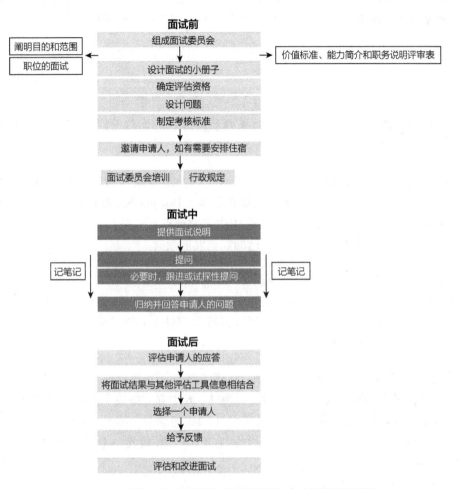

图5-6 美国华盛顿特区美国系统保护委员会的结构化面试流程

（资料来源：加拿大政府网）

2. 工作样本测试

工作样本测试（Job Sample/Work Sample）实际上是对一个求职者未来可能面临的实际工作场景、工作内容进行抽样和模拟，然后，观察和评价其在这种与实际工作背景非常相似的情境中所表现出来的工作绩效。

工作样本测试的主要目的，是测试员工实际动手能力而不是理论上的学习能力。这种测试可以是操作性的，也可以用口头表达（如对管理人员的情景测试）。我们常说的**篮中演练、角色扮演**等，就是工作样本测试的具体形式。

篮中演练（In-basket Exercise，可在JobTestPrep网站上练习），也可以称为公文处理测试、文件筐测试（In-Basket Test）。它将被评价者置于特定职位或管理岗位的模拟环境中，由评价者提供该岗位经常需要处理的文件，要求被评价者在规定的时间和条件下处理完毕，并且还要以书面或口头的方式解释说明这样处理的原则和理由。

[强化学习] AssessmentDay Ltd. In-tray Exercise.
https://www.assessmentday.co.uk/answers-in-tray-assessmentday.pdf.

在篮中演练中对被测评者的评价，可采用锚定维度计分方法，每个评价者只对被测评者的部分维度进行计分（类似教师的流水改卷方式），以确保评价者对每个被测评者的评价具有一致性。

与心理测验相比，工作样本测试对于求职者未来的工作绩效的预测效度往往比较高一些。

3. 人格特质测评

人格特质测评的目的，是让管理者通过测评结果判断候选者与岗位的匹配度，提高招聘成功率和有效性。

虽然职业性格测试（Professional Dynamitic Program，PDP）、迈尔斯-布里格斯人格类型指标（Myers-Briggs Type Indicator，MBTI）、霍兰德职业自我探索量表（Holland Self-Directed Search，SDS）、菲尔人格测试（Phil Personality Test）、DISC性格测试在国内非常流行，但是，这些测评工具用于人员选拔的效度和信度都比较低，仅仅适合被评人测评自己的职业发展倾向。

明尼苏达多项人格问卷（Minnesota Multiphasic Personality Inventory，MMPI）、卡特尔16种人格因素问卷（Cattell's 16 Personality Factor，16PF）、工作行为问卷（Work Behavior Inventory，WBI）、职业人格问卷（Occupational Personality Questionnaire，OPQ）等人格特质测量工具被证明在人员选拔方面有较高的效度和信度。

卡特尔16种人格因素问卷是由美国伊利诺伊州立大学人格及能力测验研究所雷蒙德·伯纳德·卡特尔（Raymond B. Cattell）教授编制的人格测试量表，主要从16个方面描述个体的人格特征：乐群性（A）、聪慧性（B）、稳定性（C）、恃强性（E）、兴奋性（F）、有恒性（G）、敢为性（H）、敏感性（I）、怀疑性（L）、幻想性（M）、世故性（N）、忧虑性（O）、实验性（Q1）、独立性（Q2）、自律性（Q3）、紧张性（Q4）。

卡特尔通过分析计算，得到4个次元人格因素：适应与焦虑型（X1）、内向与外向型（X2）、感情用事与安详机警型（X3）、怯懦与果敢型（X4），并预测了个体在某种情境中的行为特征：心理健康人格因素（Y1）、专业有成就者人格因素（Y2）、创造能力强者人格因素（Y3）、在新的环境中成长能力强者人格因素（Y4）。

表5-3是卡特尔16种人格因素问卷测试报告（示例）。

表5-3 卡特尔16种人格因素问卷测试报告（示例）

姓名：×××   性别：男   年龄：15   受教育程度：初中   职业：学生   兄妹：2人   父亲职业：经理   母亲职业：干部

（续）

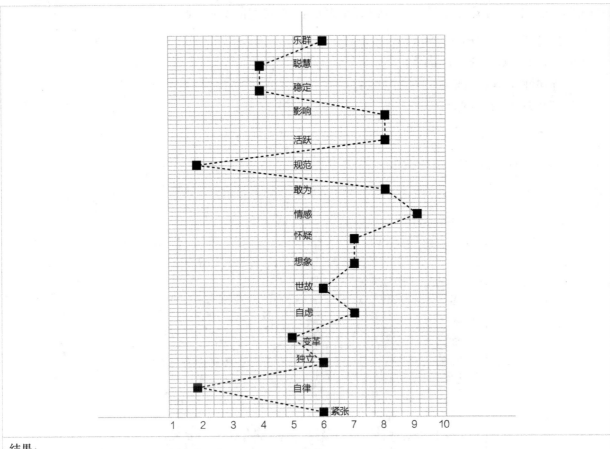

结果：

适应与焦虑型（X1）7 分　　　　　　　心理健康人格因素（Y1）21 分
内向与外向型（X2）7.3 分　　　　　　专业有成就者人格因素（Y2）31 分
感情用事与安详机警型（X3）4 分　　　创造能力强者人格因素（Y3）82 分
怯懦与果敢型（X4）6 分　　　　　　　在新的环境中成长能力强者人格因素（Y4）9 分

说明：

高分者特征：	低分者特征：
缄默孤独	乐群外向
迟钝、学识浅薄	聪慧、富有才识
情绪激动	情绪稳定
谦逊顺从	好强固执
严肃审慎	轻松兴奋
权宜敷衍	有恒负责
畏怯退缩	冒险敢为
理智、注重实际	敏感、感情用事
信赖随和	怀疑、刚愎
现实、合乎常规	幻想、狂放不羁
坦白直率、天真	精明能干、世故
安详沉着、自信	忧虑抑郁、烦恼多
保守、服从传统	自由、批评激进
依赖、随附群众	自立、当机立断
矛盾冲突、不明大体	知彼知己、自律严谨
心平气和	紧张困扰

人格特质测量多是基于**五大性格特质**（Big Five Personality Traits）模型而设计的（澳大利亚心理测量学会网站可免费在线测试），认为这 5 种特质可以涵盖人格描述的所有方面：

- 经验开放性（Openness to Experience）。
- 责任心（Conscientiousness）。
- 外向性（Extraversion）。
- 亲和力（Agreeableness）。
- 情绪不稳定性（Neuroticism）。

男女五大性格特质的差别如图 5-7 所示。

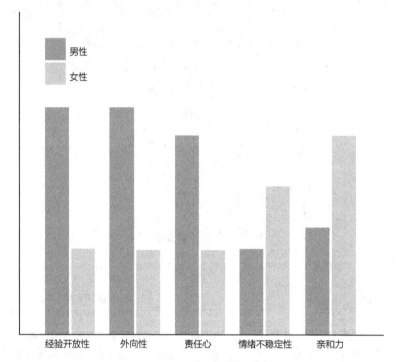

图 5-7　男女五大性格特质的差别

还有研究表明，10 秒钟我们就已经对候选人形成了判断，剩下的 99.5% 的时间，我们认为自己是在正襟危坐认真地面试，其实只不过是在印证自己的判断。

合格的面试官必须要经过有效的训练，并且要具备相当的实际经验。因此，阿里巴巴公司在面试最后一关一般会安排一个在职 5 年以上的老阿里人，由他通过直觉来判断候选人是否适合。毕竟直觉是一个人潜意识里所散发出来的东西，是与生俱来的。

最后，如何对待人？

我们必须训练自己避免掉入主观陷阱，同时，对被选中的人员进行定位，善待被淘汰者。微软公司前战略合作总监刘润认为，如果一个人面试失败了，他可能带着负面情绪离开，你连辩解的机会都没有。这些人可能是你未来的伙伴、客户或者竞争对手。拒绝应聘者有 4 个建议：

- 有问必答。
- 尽量婉转。
- 期待未来。

- 统一措辞。

[练习]

角色扮演/情景模拟——学生分成面试官与求职者两组进行招聘保险推销员的结构化面试。

学习笔记/评论

学习本知识技能点后，对其等级评价：　+赞☆☆☆☆☆　分享/转发☆☆☆☆☆

人员定向

介绍选定的应聘者到工作岗位，并使其适应环境的过程被称为定向。定向是让应聘者尽快熟悉工作环境（包括工作环境和人际环境），减少陌生环境产生的心理焦虑，尽快融入组织文化中，进入即将担当的角色和工作状态。

[强化学习] 吴军. 我对年轻人第一份工作的建议. 微信公众号：罗辑思维.

人员定向的经典做法包括入职培训、指定导师/师傅、参与轮岗锻炼（尤其是遍历基层各个岗位）等。

5.4 分享与评估

分享与交流

学习团队继续完成真实任务，提供任务单所要求的文档，并利用"完成情况评估图"由自我、同伴、教师（师傅）进行评估。之后，将对本单元知识技能的理解（可采用 ORID 法进行学习回顾）、访问任务单中企业的概况、工作任务的完成结果、学习过程反思等制作成 3~5 分钟的高清"**微视频**",派代表在课上进行 6~8 分钟的分享交流,并由其他团队进行**同伴评价**。

完成情况评估

工作任务完成情况评估雷达图如图 5-8 所示。

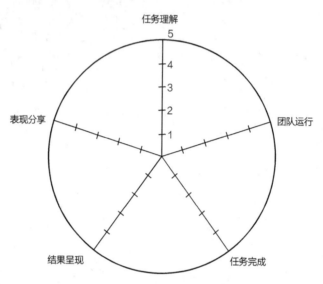

图 5-8　工作任务完成情况评估雷达图

注:从"任务理解、团队运行、任务完成、结果呈现、表现分享"五个维度,对本工作任务学习及完成情况,分别由自我、同伴、教师(师傅)进行评估,用颜色笔以 5 分制(分值越大越好)将评估结果绘制在图 5-8 中。

学习反思

首先,与团队、个人学习目标进行逐一对比,以清单列表或思维导图,分解出已完成和未完成两部分;其次,用 3~5 个关键词描述自己团队在完成这项工作任务的过程中未能解决的问题与所遇障碍;最后,对照最佳团队,归纳自己团队未完成部分的主要原因与对应责任,提交反思报告。

问题与障碍:

单元测验（建议在 30 分钟内完成）

问题：总结本单元学习的知识与技能，归纳提炼为 3~6 个关键词，并用这些关键词绘制本单元的知识地图/思维导图。（得分 1　2　3　4　5）

问题：选择任意一种工作分析方法，对驾校教练的工作进行分析，整理出简明的驾校教练职位说明书。（得分 1　2　3　4　5）

问题：用不超过 30 个字撰写一份简历（可以为自己也可以为别人），并以图画形式绘制成单页图画，最后思考这份简历中的应聘者是否可以被录用；如果可以，录用到什么岗位最合适。（得分 1　2　3　4　5）

5.5 拓展学习

京东如何用四张表管理7.5万人？

管理一家公司，要有两个重要的权力，**一个是人事权，管人；另一个是财权，管钱**。和大家分享一下京东公司内部的几张表格。

第一张表格：能力价值观体系。从"能力"与"价值观"两个维度来画个九宫格，这是**京东第一张管人的表格，也是最重要的表格**。我们选人、留人，包括辞退员工，用的都是这张表格。

第二张表格：ABC 原则。人权责表明确了员工、直接上级、间接上级和人力资源主管四个主体之间的分工，目的是在授予"用人"权的同时，不要忘了制约，避免优秀人才因"直接经理"的不当管理行为而流失。

第三张表格：8120 原则。我们认为，**一个管理者最佳的管理人数是8~12人**，这能让他有足够的时间思考战略，同时也不会很清闲。

第四张表格：2N 原则。2N 原则是指关于团队能力持续性的两个原则，其一是关系简单化，其二是人才继任。

……

（资料来源：刘强东演讲内容. 搜狐网.）

> **要求**：在网上搜索并仔细完整地阅读这篇演讲内容，之后用2~4个关键词归纳作者所表达的核心意思，再用图或表描述这篇演讲内容与本章所学的哪些知识是相关的。

5.6 下一个工作任务

预学习"**第6章　建立制度与规范**"。教师将课程数字化资源上传到选定的在线学习平台，要求学习者进入"真实工作任务"环节，与自己所在团队成员开始新的管理活动。

第 6 章 建立制度与规范

任务单：重庆商社 4S 店组建 P8 产品事业部

长城汽车股份有限公司 2018 年发布了 WEY 品牌插电式混合动力豪华 SUV P8 车型。重庆商社旗下运营 SUV 的 4S 店，拟配合 P8 的上市销售，进行组织结构调整。

任务：你被总经理授权负责组织结构重组，要求在 2 周内编制 P8 产品服务流程、维修质量评价标准。

6.1 真实任务练习

任务解析

团队对任务单中问题的理解：

教师对任务单中问题的理解：

你的任务是编制 P8 产品服务流程、P8 维修质量评价标准。前者主要涉及人，后者主要涉及事，共同的难点是通过制度最终塑造质量文化，而文化是制度中非显性、高模糊状态的东西。最终向上司提交的是两份制度文件，以及核心工作环节使用的 Word（文字处理程序）或 Excel（电子表格软件）模板。

预备知识与技能：会使用思维导图、会使用阿里"钉钉"App、通过实地考察熟知 4S 店运营基本知识、熟悉长城汽车股份有限公司主流现售车型。

新知识：规则、制度、人性假设、破窗理论。

拟定学习目标

课程学习目标：

形成务实严谨的工作态度与良好的人际关系，使用数学或结构化逻辑思维分析与理解问题，文字组织条理清晰、表达流畅；能够完成所在部门的制度设计，撰写出格式规范的制度文本，带领成员形成规范。

个人学习目标：

编制团队工作（学习）计划

团队共同讨论制订完成本期工作任务的计划，并填写在表 6-1 中。

表 6-1 团队工作（学习）计划表

年　月　日— 年　月　日

周日	周一	周二	周三	周四	周五	周六
周日	周一	周二	周三	周四	周五	周六

完成情况初步评估

工作任务完成情况评估雷达图（范例）如图 6-1 所示。

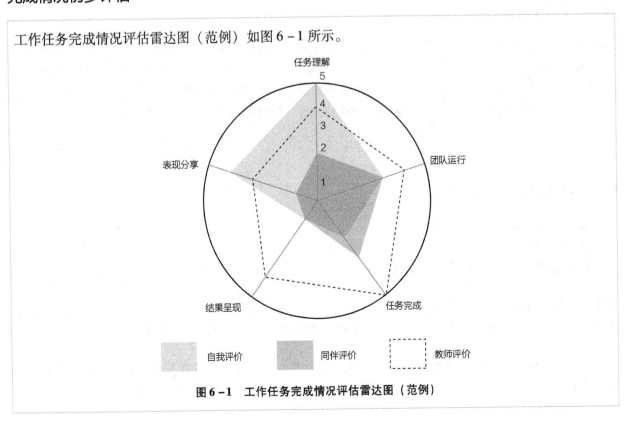

图 6-1　工作任务完成情况评估雷达图（范例）

工作任务完成情况评估雷达图如图6-2所示。

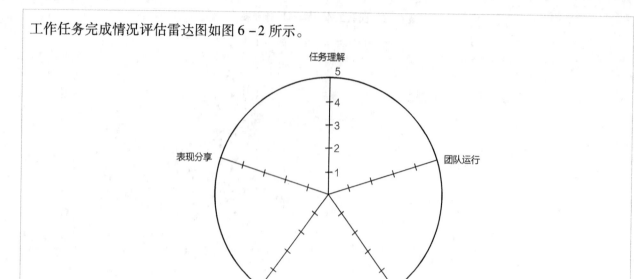

图6-2　工作任务完成情况评估雷达图

注：从"任务理解、团队运行、任务完成、结果呈现、表现分享"五个维度，对本工作任务学习及完成情况，分别由自我、同伴、教师（师傅）进行评估，用颜色笔以5分制（分值越大越好）将评估结果绘制在图6-2上。

6.2　破冰游戏

雨点变奏游戏（活跃气氛）。学生按照教师口令"现在开始下小雨，小雨渐渐变成中雨，中雨变成大雨，大雨变成暴雨，暴雨减弱成大雨，大雨变成中雨，又逐渐变成小雨……最后雨过天晴"，完成表现"小雨——手指相互敲击""中雨——两手轮流拍大腿""大雨——热烈鼓掌""暴雨——跺脚"的动作。（或随机选择一位同学讲一个不超过5分钟的故事，请其他同学点评。）

6.3　新知识技能学习

　　设计制度框架
　　编写制度文本
　　形成规范

网上有这样一段文字：某公司规定，每天下午五点半下班。但是，公司班车六点半发车。请注意，没人逼你加班。但是如果你不想挤公共汽车，那就主动加班一个小时吧，六点半再走。

到了六点半，刚想坐班车，又想起来，再扛一个多小时，八点钟，公司就有工作餐了，特别丰盛。现在回家，还得自己做饭。算了，再主动加班一个小时。你看，没人逼你加班，是你自己主动的。

等到八点多,吃了饭,又想起公司还有一条规定:十点钟之后打车,可以报销。一天干了十几个小时,谁还有劲儿挤公交?得了,回办公室再干一个多小时活儿吧,十点钟再打车回家。

你看,还是没人逼你加班,是你主动的。

这个例子解释了这样一句话:过去的公司,更像监狱;未来的公司,更像游戏。其实,改变这一切的是隐藏在背后的规则(制度)。

制度是(个体)行为的规则,是从人治到法治的高效执行(力)的基础和需要,是组织长青的内在基因,源自人性假设、契约精神、博弈均衡(本质是指导交易中主体的利益分配与交易费用分摊)。制度的存在起码可以获得 3 方面的价值:**秩序、成本**与**效率**;制度让行为人的关系清晰、行为可预见;制度降低组织内部的交易费用(运行成本);制度可以减少"外部性"(搭便车),约束下限行为、激励上限行为。

[强化学习] 陈春花. 管理的常识:让管理发挥绩效的 8 个基本概念 [M]. 北京:机械工业出版社,2016.

设计制度框架

公司(企业)是人创造的,可以由其所有者自主构建规则制度,也就是说,管理者可以设计其组织的制度。究竟该怎样设计制度呢?

几百年前,英国政府决定把囚犯流放到澳大利亚,并将此项工作承包给了私人船主,承诺按人头给钱,以多少人在英国上船为准。船主为了多挣钱都拼命往船上塞囚犯,结果由于船上生活条件太差,有不少囚犯死亡。于是,英国政府决定在船上安排随船监督人员,但监督人员一般都被船主收买了,所以问题还是解决不了。最后有人提出改变规则,由依据上船多少人给钱,变为依据在澳大利亚下船多少人给钱,死亡事故马上少了许多。因为船主要根据船的容积、给养、卫生条件等精心计算可运送的囚犯数量,以保证能有更多的人活着到达澳大利亚。

英国流放囚犯做法的效果差异,实质上是人的本性决定的,因此,制度设计的基础是**人性假设**。战国时期,荀子认为人性恶,孟子认为人性善,而美国的道格拉斯·麦格雷戈(Douglas McGregor)干脆依据两种人性假设分别提出 X 理论和 Y 理论。经济学已经给我们指出明确的选择,就是假设人性恶/X 理论,以此作为制度设计的基本依据,可确保所有组织成员的行为都能够被规则所影响(约束)。

> **理论:人性假设**
>
> 美国安第奥克学院院长道格拉斯·麦克雷戈于 1957 年提出了两种截然不同的人性假设:一种基本上是消极的,倾向于人性恶的,称为 **X 理论**;另一种基本上是积极的,倾向于人性善的,称为 **Y 理论**。后来其他研究者发展出 Z 理论,基本观点分别是人性恶、人性善和人性复杂。
>
> 管理者关于人性的观点是建立在一组具体假设(由此区分 X 理论、Y 理论,比如:自私自利、懒惰、逃避责任等)基础之上的,而且往往根据这些假设来形成自己对待员工的行为模式。但截至目前,尚无研究证据证实哪一类假设是有效度的。按照西方百年来科学管理实践的经验,至少说明,基于 X 理论(人性恶)仍是企业管理思路的主流,企业依赖制度对权力进行有效的约束,以保持组织正常运转。
>
> [强化学习] 周诗勇. 工厂管理漫谈. 知乎.

香港夜市熙熙攘攘的人流：各种人性故事轮番上演

以信任的视角去管理，以不信任的视角去设计制度。用制度经济学的说法，制度设计需要遵循效率、交易费用最小化、激励相容、帕累托改进等基本原则。

[强化学习] 1. 南勇. 给你一个公司看你怎么管：全3册 [M]. 长沙：湖南文艺出版社，2011.
2. 戴维·L. 韦默. 制度设计 [M]. 费方城，朱宝钦，译. 上海：上海财经大学出版社，2004.

- **效率原则**：外部性问题内部化、委托代理风险的程度决定着制度的运行效率。
- **交易费用最小化原则**：企业内部组织交易的费用与市场或别的企业组织同样交易所需要的费用相等，决定企业规模的临界点或边界。
- **激励相容原则**：每个参与者都能产生激励作用，即参与者在最大化个人利益的同时，组织也能实现其预定目标。
- **帕累托改进原则**：在不减少任何一方福利的条件下，通过改变现有资源配置而增加另一方的福利，有效的制度是渐进优化的结果。

制度可以基于对象分为结构性、事物性与行为性制度，也可以根据内容分为产权、组织、工作与责任制度，还可以根据形成方式分为正式规则（明规则）与非正式规则（潜规则）。

学习笔记/评论

学习本知识技能点后，对其等级评价： ＋赞☆☆☆☆☆　分享/转发☆☆☆☆☆

编写制度文本

制度在企业中的**表现形态**有章程、条例/办法、标准、流程、指南/手册、合同/协议等,制度文本编写的结构要素包括背景说明、编制流程、行为规则、违例处理、变更废止、有效期等。

管理顾问金大松认为,由表现在文字符号上的信息,转化为组织中每个人的行为习惯,是需要设计的,要利用好两个最重要的因素:责任和利益。因此要达到此目的,至少要遵循制度设计的四个基本原则:**主体归位、利益内嵌、逻辑严谨、动态变化**,也就是说,制度需要明确责任主体,顺应和引导参与各方的"利益诉求",文字及逻辑要严谨,没有漏洞,要把制度优化作为例行的机制。

[练习]

哪些表现能够显示出你所在学校教师的教学质量,列出指标清单。

学习笔记/评论

学习本知识技能点后,对其等级评价: +赞☆☆☆☆☆ 分享/转发☆☆☆☆☆

形成规范

一项制度制定出来之后,至少需要从领导行为、团队理念和执行措施三个层面去推动该制度的执行,同时让制度发挥效能和效用。

(1) **管理者先行**。管理者通常是制度的拟定者,也容易成为制度的破坏者,是因为管理者最熟悉制度,也最有权力来破坏制度。管理者必须率先成为制度执行的模范,带领下属跟进和效仿。

美国陆军军官学校（The United States Military Academy），也称西点军校，该校推崇五个法则：服从、团队、激情、牺牲和信仰。服从这些法则有四条军规：无条件执行、工作无借口、细节决定成败、以上司为榜样。

(2) **塑造制度文化**。建立规则意识，培育遵从规则的价值观，将其注入组织文化的基因中，让遵守规则的行为得到肯定、表扬和正面激励；通过"标准—强制—习惯—风气—信仰"路径来形成制度文化。

另外，尤其要防止例外（破窗效应）原则，**破窗效应**在理论上已经很好解释了，在制度规定内寻求例外解决的事情，第一例就不能被允许。

美国斯坦福大学心理学家菲利普·津巴多（Philip Zimbardo）于1969年进行了一项实验，他找来两辆一模一样的汽车，把其中的一辆停在加州帕洛阿尔托的中产阶级社区，而将另一辆停在相对杂乱的纽约布朗克斯区。他把停在布朗克斯区的那辆车的车牌摘掉，又把顶棚打开，结果汽车当天就被偷走了。而停放在帕洛阿尔托的那辆车一个星期也无人理睬。后来，津巴多用锤子把那辆车的车窗玻璃敲了个大洞。结果呢，仅仅过了几个小时，它就不见了。

詹姆士·Q. 威尔逊（James Q. Wilson）及乔治·L. 凯琳（George L. Kelling）在实验的基础上提出破窗理论（Broken Windows Theory），并将结果刊于《大西洋月刊》、（*The Atlantic Monthly*）1982年3月版题为《破窗》（*Broken Windows*）的文章中。

如果一幢建筑物的窗户玻璃被打坏了，却没有被及时修复，这些破窗户就会给人造成一种无序的感觉，别人就可能受到某种纵容心理的暗示去打烂更多的窗户，甚至危及整栋楼的安全。"破窗效应"理论指出，环境可以对一个人产生强烈的暗示性和诱导性。

(3) **信息对称和 PDCA 循环**是使制度被有效执行的另外两个关注点。信息对称保持制度的透明公正，PDCA 循环形成制度的规则化改进（制度的订立、修改和废除）。

(4) **制度外人性**。严格执行制度并不意味着对员工的冷漠，当发生与制度冲突的事情，并发现制度本身未尽完善时，可以先修改制度再按新制度执行，或者在现有制度之外给予关怀。

[练习]

观赏香港电影《法外情》，思考法律规定和人情之间如何把握。

影片简介：刘慧兰出于自卫杀死嫖客曾某而成被告，但因死者系出名门，无人愿为被告辩护。伦敦大学法学院毕业生刘志鹏满怀理想初入法律界，不计报酬愿为被告伸张正义。

检察官至欧洲找到已经退休的孤儿院院长玛利亚，出庭作证刘志鹏与刘慧兰是母子。根据英国法律规定，律师与委托人之间不得有这样的亲属关系，要求法官立即撤销诉讼。

玛利亚受良知驱使，手摸着十字架，坚决否认刘志鹏与刘慧兰的母子关系。最终，法官接受陪审团意见，判决刘慧兰的行为属于正当防卫，被宣告无罪并当庭释放。

学习笔记/评论

学习本知识技能点后，对其等级评价： +赞☆☆☆☆☆　分享/转发☆☆☆☆☆

6.4　分享与评估

分享与交流

学习团队继续完成真实任务，提供任务单所要求的文档，并利用"完成情况评估图"，由自我、同伴、教师（师傅）进行评估。之后，将对本单元知识技能的理解（可采用ORID法进行学习回顾）、访问任务单中企业的概况、工作任务的完成结果、学习过程反思等制作成3～5分钟的高清"**微视频**"，派代表在课上进行6～8分钟的分享交流，并由其他团队进行**同伴评价**。

完成情况评估

工作任务完成情况评估雷达图如图6-3所示。

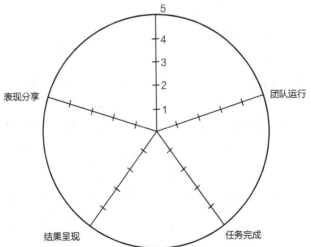

图6-3　工作任务完成情况评估雷达图

注： 从"任务理解、团队运行、任务完成、结果呈现、表现分享"五个维度，对本工作任务学习及完成情况，分别由自我、同伴、教师（师傅）进行评估，并用颜色笔以5分制（分值越大越好）将评估结果绘制在图6-3中。

学习反思

首先,与团队、个人学习目标进行逐一对比,以清单列表或思维导图,分解出已完成和未完成两部分;其次,用3~5个关键词描述自己团队在完成这项工作任务的过程中未能解决的问题与所遇障碍;最后,对照最佳团队,归纳自己团队未完成部分的主要原因与对应责任,提交反思报告。

问题与障碍:

单元测验(建议在30分钟内完成)

问题:总结本单元学习的知识与技能,归纳提炼为3~6个关键词,并用这些关键词绘制本单元的知识地图/思维导图。(得分 1　2　3　4　5)

问题：阅读材料《重庆首条自行车慢车系统建成投用》（资料来源：人民网），访问摩拜单车官方网站。针对共享单车在重庆市大学城被骑行者随意丢弃的问题，思考该如何修改摩拜单车的使用规则来尽量避免这个问题。（得分 1　2　3　4　5）

问题：比较其他国家公立学校的老师在课外为所教的学生进行有偿补课的现象，给出你对国内这种现象的认知，并分析如何调整教师管理制度来遏制这种现象的发生。（得分 1　2　3　4　5）

6.5 拓展学习

为什么从小我们就被要求必须有礼貌？

小时候，爸妈都这样要求我们：

- 见到老师和同学要有礼貌。
- 看见叔叔、阿姨不能没礼貌。
- 出门在外记得礼貌待人。

……

不讲礼貌，就是让父母和对方丢面子。

你有没有想过，美好的品德那么多，为什么"讲礼"偏偏成为最普遍、最重要的一个要求？
……

（资料来源：熊逸. 为什么从小我们就被要求必须有礼貌？微信公众号：罗辑思维.）

要求：在网上搜索并仔细完整地阅读这篇文章，之后用 2～4 个关键词归纳作者所表达的核心意思，再用图或表描述这篇文章与本章所学的哪些知识是相关的。

6.6 下一个工作任务

预学习"**第 7 章 指挥下属**"。教师将课程数字化资源上传到选定的在线学习平台，要求学习者进入"真实工作任务"环节，与自己所在团队成员开始新的管理活动。

第3部分

领导

第7章　指挥下属 // 114

第8章　激励下属 // 130

第9章　有效沟通与协调 // 146

第10章　打造高效团队 // 160

第 7 章 指挥下属

箴言：学习不是为了拥有知识，而是为了解决问题。

任务单：重庆万达文化旅游城中华传统老字号主题商业街区项目运营管理

重庆万达文化旅游城项目位于重庆市沙坪坝区，占地 270 公顷，总建筑面积 550 万平方米，总投资 550 亿元。

重庆万达文化旅游城

任务：你被任命为商业管理中心运营管理部中华传统老字号主题商业街区的项目组负责人，需要尽快增强自身影响力来开展工作，同时，绘制用于给下属委派任务的责任分配矩阵。

7.1 真实任务练习

任务解析

> **团队对任务单中问题的理解：**
>
>
>
> **教师对任务单中问题的理解：**
> 你的工作不是买卖商品，而是作为万达公司的代表，为具体商户提供商业管理服务。你作为刚被任命的部门负责人，尽快提升影响力以便于开展工作是首要任务。你的任务是制定出增强自己影响力的行动框架（思维导图）。
>
> **预备知识与技能：** 会使用思维导图、会使用阿里"钉钉"App、熟悉商业地产基本知识、会典型商业应用文写作。
>
> **新知识：** 影响力理论模型、责任（职权）分配矩阵。

拟定学习目标

> **课程学习目标：**
> 形成务实严谨的工作态度与良好的人际关系，使用数学或结构化逻辑思维分析与理解问题，文字组织条理清晰、表达流畅；能够完成影响力提升、组织会议、给下属委派任务等工作。
>
> **个人学习目标：**

编制团队工作（学习）计划

团队共同讨论制订完成本期工作任务的计划，并填写在表 7-1 中。

表7-1 团队工作(学习)计划表

年 月 日— 年 月 日

周日	周一	周二	周三	周四	周五	周六
周日	周一	周二	周三	周四	周五	周六

完成情况初步评估

工作任务完成情况评估雷达图(范例)如图7-1所示。

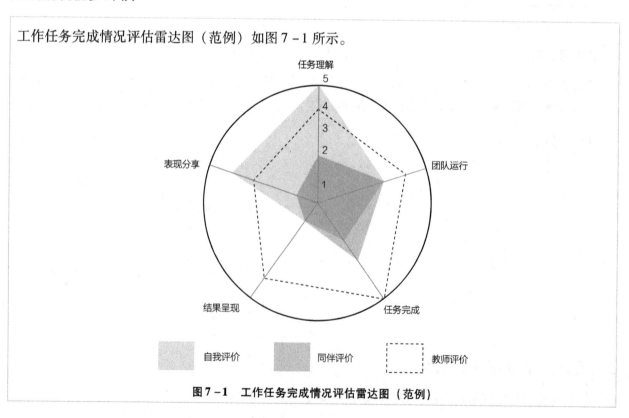

图7-1 工作任务完成情况评估雷达图(范例)

工作任务完成情况评估雷达图如图7-2所示。

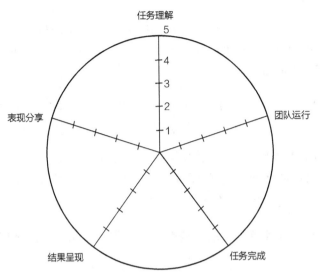

图7-2 工作任务完成情况评估雷达图

注：从"任务理解、团队运行、任务完成、结果呈现、表现分享"五个维度，对本工作任务学习及完成情况，分别由自我、同伴、教师（师傅）进行评估，用颜色笔以5分制（分值越大越好）将评估结果绘制在图7-2上。

7.2 破冰游戏

学生5人一组，每组派出两名学员，背靠背坐在地上，两人双臂相互交叉，合力使双方一同站起。依此类推，每组每次增加一人，成功人数最多且用时最少的一组为优胜。（或随机选一位同学讲一个不超过5分钟的故事，请其他同学点评。）

7.3 新知识技能学习

  增强影响力
  识人善用
  组织会议
  给下属委派任务

领导实质上就是一种影响力，是润物细无声地影响人们心甘情愿、满怀热情地为实现组织目标而努力奋斗的过程。

在传统农村，人们之间出现分歧和争议时，往往会请出最年长者来主持公道，即使是盛气凌人的年轻人也会听从最年长者的意见，难道是因为最年长者的意见总是正确的？从管理思维看来，最年长者能够让别人接受自己的意见，其实是因为他具备更大的影响力。

增强影响力

影响是态度（Attitude）的外在行为表现，本质更接近于人际关系的主从状态。而态度是由**情感**（Emotion）、**行为意向**（Behavior Intention）**和认知**（Cognition）组成的，因此，凡是能够左右这三个维度的因素，就会形成影响他人的力量。

罗伯特·B. 西奥迪尼（Robert B. Cialdini）、菲利普·津巴多（Philip George Zimbardo）等心理学家提出的影响力相关理论，综合起来可以理解为，影响力（Influence）是以下这些因素的效果显现：

- 组织授予的**职权**（包括组织权威和收益影响），体现行为意向。
- 个人拥有的**魅力**（体现在专业程度和值得信赖维度，比如，思想、知识、身体），体现情感。
- 环境赋予的价值（**文化、习俗**等情境），体现认知。

刘备之所以能够崛起，正因为他拥有仁义的人格魅力，并借助桃园结义的情感力量，逐渐培养了自己的足够影响力。

影响力的本质不是源自职位和收益，而是人们相信什么，影响力的来源是人们愿意相信的东西。

理论：影响力 6 要素

亚利桑那州立大学心理学家罗伯特·B. 西奥迪尼认为，顺从他人行为背后是六大要素在发挥作用：**互惠原理**（Reciprocation），我们应该尽量以类似的方式报答他人为我们所做的一切；**承诺和一致原理**（Commitment and Consistency），一旦做出了一个选择或采取了某种立场，我们就会立刻碰到来自内心和外部的压力，迫使我们的言行与它保持一致；**社会认同原理**（Social Proof/Consensus），在判断何为正确时，我们会根据别人的意见行事；**喜好原理**（Liking/Similarity），我们大多数人总是更容易答应自己认识和喜爱的人所提出的要求；**权威原理**（Authority），即使是具有独立思考能力的成年人，也会为了服从权威的命令而做出一些完全丧失理智的事情；**稀缺原理**（Scarcity），机会越少，价值似乎就越大。

影响力 TOPS 模型

国际知识学院创始人特里·R. 培根（Terry R. Bacon）认为，一个人能否成功影响他人取决于很多因素，个人能够控制的因素可以用这个公式表示：影响效果 =T + O + P + S。

T（Technique）代表着你选择的影响技术或策略（例如，你是采取逻辑说服还是交换的技术）。

O（Organizational）代表着你从组织中获取的权力或力量来源（例如，组织分配给你的角色，组织私下透露的信息）。

P（Personal）代表你个人能够获得的权力来源，包括个人意志力（例如，你的个性特征以及个性等）。

S（Skill）则代表你使用影响技术的技巧（例如，采取交际的方法进行影响时必须具备沟通能力）。

[强化学习] The Elements of Power: Lessons on Leadership and Influence. http://www.theelementsofpower.com.

影响力的表现是被影响者的服从（Compliance），而"服从 =（权力 + 能力）×情感"。影响力是基于认同（价值观、理性、信仰）、互惠、敬畏（对权威的畏惧、尊敬）、相似（基于信任、喜好、从众的人际圈子）、稀缺（放大需要的程度）而产生作用的。

[强化学习] 1. 埃菲利普·津巴多，迈克尔·利佩. 影响力心理学 [M]. 邓羽，肖莉，唐小艳，译. 北京：人民邮电出版社，2008.

2. 史蒂夫·马丁，诺厄·戈尔茨坦，罗伯特·B. 西奥迪尼. 细节：如何轻松影响他人 [M]. 苏西，译. 北京：中信出版社，2016.
3. 特里·R. 培根. 影响力：技能与实操 [M]. 袁璐，译. 海口：南方出版社，2013.

参考领导力培养方法与经验，我们发现以下培养影响力的实战技巧：

- 凝聚共识
- 平衡利益
- 沉淀人品
- 成功为王
- 学习创新

[练习]

从"我是谁、我为何而来、愿景、授人以渔/教诲、自己经历/以身作则、我知道你们在想什么"中选择一个主题，讲一个故事给所有同学听，或用故事板画出所讲的故事情节。练习时间5分钟。

[强化学习] 安妮特·西蒙斯. 故事思维 [M]. 俞沈域，译. 南昌：江西人民出版社，2017.

学习笔记/评论

学习本知识技能点后，对其等级评价：　+赞☆☆☆☆☆　分享/转发☆☆☆☆☆

识人善用

员工的离职原因林林总总，只有两点最真实：钱，没给到位；心，委屈了。归根到底就一条：干得不爽。带团队，你得问自己，人家为什么要跟着你混？

这是人没用好的结果。团队用人之道的大体原则是"小人忌用，庸人慎用，能人尽用，贤人尊用，圣人师用"。但前提是我们得识人。

[强化学习] 南勇. 给你一个公司看你怎么管：全3册 [M]. 长沙：湖南文艺出版社，2013.

人际关系中的概念，有些是很重要的分类法则。进入新团体、遇到新朋友、无法准确判断他人的时候都可以拿出来对照着分辨。

人际关系专家熊太行认为：

（1）你身边是不是有光芒四射、咄咄逼人的人？这类人被称作人际关系上的"鹰派"。他们容易冲动，大胆自信，善于社交，遇到挫折或打击很容易崩溃，有时候会过于自信。这类人的优点是善于社交，对自己和朋友要求很高，并且相信实力。

（2）你身边那些习惯顺从、比较稳定的人，在人际关系中被称为"鸽派"。他们不善于社交，表达过于委婉以至不敢提意见。大部分的"鸽派"害怕和别人撕破脸，希望自己能做个好人。友善是一种很好的品质，但是过分纠结于追求"我是个好人"，会让人陷入重度的疲累当中，这种折磨叫作"人内损耗"。这类人对任何事都回避冲突，对任何人都乐意忍让。他们温和、包容且不抱怨，有主动助人的行为。

我们也可以使用波士顿矩阵的原理来设计矩阵，帮助管理者识别员工。波士顿矩阵由美国波士顿咨询公司布鲁斯·亨德森提出，最初是用市场引力与企业实力两个维度将产品划分为明星、现金牛、问题和瘦狗四种类型，又称市场增长率–相对市场份额矩阵。

基于员工对企业的贡献与企业对员工的控制力两个维度，我们把员工分为明星、问题、现金牛、瘦狗4类员工；基于员工德和才两个维度，将员工分为庸人（无才无德）、小人（有才无德）、好人（有德无才）、贤人（德才兼备）；基于员工的积极性（工作意愿）和能力（工作技巧）两个维度，将员工分为明星、新人、病猫和老兵类。

这里展示最后一种绘制出来的员工分类矩阵（如图7–3所示），其余两种分类绘制出来的矩阵图是类似的。

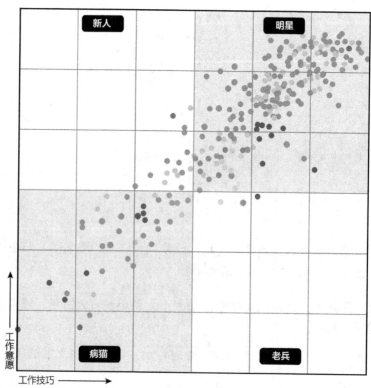

图7–3 员工分类矩阵

要特别注意的是，**领袖人物和特殊成员的管理是关键**。

关键的少数和次要的多数是团队中员工绩效表现的恒定规律。俗话说，"一颗老鼠屎，坏了一锅汤"，其中可能成为"老鼠屎"的就是关键的少数，要靠智慧耍计谋，比如，**高自尊人格的人、刺头**就是要重点管理的员工。

"高自尊人格"的人，通常都有良好的自我认同，对自己的期待比较高。能够确认自己的长处，也能接纳自己的缺点，比较善于称赞别人。而"低自尊人格"的人，对自己的评价会比较低，不敢追求自己喜欢的东西。你可以多跟"高自尊人格"的人交朋友，这类人对成就感的需求也比较高，是我们通常所说的"干大事儿的人"。

[强化学习] 宁向东的清华管理学课 006 讲. 人际关系理论：你真的知道推搡员工的后果吗？得到 App.

> **术语："领袖"词汇的来历**
>
> "领"和"袖"的本意是指衣服的衣领和衣袖，因为这两个部位与皮肤直接接触，容易起毛破损，所以古人在制作衣服时，衣领和衣袖都是单独用料的，并镶以金边。因此在人们眼中，这两处既高贵又醒目。"领袖"先是用来借指起表率作用的人，后用来指代团队组织的领导人。
>
> 《晋书·魏舒传》记载，魏舒是晋朝名臣，官至司徒，为国家鞠躬尽瘁，深受晋文帝司马昭器重，每次朝会结束都目送并赞叹："魏舒堂堂，人之领袖也。"司马昭称赞魏舒是人之领袖，在当时领袖的意思并非领头人，而是指非常杰出的人。

在一个团队里，刺头通常执行力强，但自视甚高，藐视规则。刺头也分能力超强型、后台关系型和心态不正型，他们的心理状态分别是想出头、天不怕地不怕、想要充当代言人。对于能力超强型的刺头，给予其挑战性强的任务，让能力更强者与之竞争，在摔打后帮扶；对于后台关系型的刺头，不再对其纵容和忍让，应适当肯定并严格批评，或给个简单的闲职；对于心态不正的刺头，在沟通—引导—矫正无果后，将其与所代表的群体隔绝开来（分化瓦解）。

[强化学习] 面对强势的下属怎么管理？猎聘网.

管理咨询专家王国钟给管理者提出如下建议：

- 授人以鱼：给员工养家糊口的钱。
- 授人以渔：教会员工做事情的方法和思路。
- 授人以欲：激发员工上进的欲望，让员工树立自己的目标。
- 授人以娱：把快乐带到工作中，让员工获得幸福。
- 授人以遇：给予创造团队成长、学习、发展的机遇，成就人生。
- 授人以誉：帮助成员获得精神层面的赞誉，为成为更有价值的人而战。

[练习]

加入一个社团，从积极性（工作意愿）和能力（工作技巧）两个维度区分其中四种状态的成员。

学习笔记/评论

学习本知识技能点后，对其等级评价：　　+赞☆☆☆☆☆　　分享/转发☆☆☆☆☆

组织会议

会议是议事决策的方式、交流沟通的渠道。很多人感慨：好好的工作时间，都被浪费在无休止的会议中。其实开会本身并没错，只是方式不对导致了效率的低下。

百姓网 CEO 王建硕建议这样高效开会：

（1）所有的会议都需要有一个明确的类型和目的。不论是做出一个决议、解决一个问题，还是同步一个信息，先确定会议类型，再加上具体的会议内容，就是会议的目的。所有动作务必都围绕这个目的展开。

（2）**充分的会前准备**令会议更加高效，比如会前最好阅读材料。一些背景资料或报表能帮助与会者提前同步信息，节省会议的时间。如果会上需要表决，参会者也可以提前根据材料做出同意或反对的决定。如此，会议的讨论环节会更加高效。

（3）**时间是会议最大的限制条件**，会前一定要对会议时长做出规划。若是超时太多，无论目的是否达成，都可以判定会议失败。

（4）开会前一定要明确地设定好**角色：主持人、动议者、参与者、决策者、旁观者、记录员**，都要具体到每一个人身上。通过角色的设定，可以让每个人紧张起来。如果不设定角色，就会有人懒洋洋地窝在会议室的角落里漫不经心。

（5）主持人最好在开会前**花 5 分钟明确会议议程**。这有助于组织者以"上帝视野"统筹全局，决定会议的流程和具体的时间分配。这样的好处是不会跑偏、不会超时，并且保证会议结束有结果。

(6) 主持人还有一个最重要的任务：**严格按照议程的时间组织讨论**，并在每个环节给出时间提示。避免出现前面的人发言时长不受控制，后面时间不够的情况。

(7) 会议开始前，要先对此次会议的议题进行简单的陈述，建议不超过 5 分钟。这样可以迅速帮助大家获得一致的背景资料，方便讨论。

(8) 讨论环节，**同一时间只能有一个对话**，且一个时间只能一个人讲话。

(9) 决策者的任务，就是投出同意票或者反对票。若需要一个人或者多个人决策，最好明确地在会议的邀请中指出。若是没有，就是所有参与者共同决策。

(10) **旁听席的设立**可以让相关团队成员熟悉决策流程，获取信息。为了会议的效率，旁听席从会议开始到结束，必须如壁纸一样安静。只有听的权利，没有发出任何声响的权利。

(11) **会议必须有结论**，必须有明确的下一步。会议结束的时候，一定需要 5 分钟的总结，来确认下一步的工作、负责人，以及截止时间。下一次同类会议前，花 10 分钟进行上一次会议的回顾。

(12) 在会议的当天，向与会者发出会议记录。超过 24 点未发，可以对会议记录员进行适度的"惩罚"，比如，向与会者发红包。

(13) 鼓励非正式的沟通。比如，在阳台抽烟的时候聊一聊、问相邻座位的人一个简单的问题、午餐间的对话……这样的会面，效率远高于正式的会议。

归纳起来，会议管理的基本流程是"**会前准备—会中控制—会后跟进**"，会议组织的关键节点是：

- 目的/议题
- 议程
- 会场布置
- 会议通知/议题材料/预先沟通
- 记录/纪要/简报
- 执行
- 监督/反馈

[强化学习] 1. 劳伦斯·莱莫恩（Laurence Lemoine）. 如何开好一个会议？创业邦.
2. 王建硕. 百姓网内部总结的高效开会法则. 36 氪.
3. 西紫千木. 如何安排领导座次. 百度经验.
4. 亨利·M. 罗伯特. 罗伯特议事规则 [M]. 11 版. 袁天鹏，孙涤，译. 上海：格致出版社，2015.

王建硕总结的百姓网高效开会法则，基本精神来源于亨利·M. 罗伯特（Henry M. Robert）的《罗伯特议事规则》（*Robert's Rules of Order*），这是美国的通用议事规则，体现多数者权利（多数者的意志可以约束少数者）、少数者权利（少数人就可提出动议）、缺席者权利（会议必须满足法定人数）的关系平衡。

亨利·M. 罗伯特议事规则基于五项原则运行，分别是：权力制衡，实行一人一票；议题自由讨论/辩论；追求效率的一事一议；多数票决定，过半数可通过具有全体约束力的议案，重大事项应绝对多数通过；明确生效的法定人数。

会议的组织技巧包括，确保主题清晰明确、形成开放的氛围（尊重发言顺序、敢于说"我"、发表自己的意见、认真聆听别人的发言）、使与会者感到自身价值（阐述参会必要性、提供会议流程、明确参会者角色），会议组织忌主持人唱独角戏、会议局面失控、内容陈旧冗长。

晨会是打造团队凝聚力、提高执行力的有力武器。在每天的晨会上，大家可以分享前一天的工作心得，提升技能，总结成功与失误。此外，晨会还能提升团队士气，分享快乐，让大家开心地投入当天的工作中。

知乎作者 Jeffersli 列出了开好晨会的必备条件：

- 在趣味游戏或者激励口号中开始。
- 检查团队成员出勤或着装。
- 昨日工作总结、情况通报或管理发文。
- 团队成员围绕工作心得、注意事项，或未解决的疑难问题等轮流发言。
- 主持人简单点评成员发言。
- 对当日工作重点进行安排。

[练习]

随机抽取一组学生，模拟组织一次企业会议（其余学生分组扮演参会者），主题是电视综艺节目《爸爸去哪儿》新一季产品发布会，完成包括会议准备、会中控制及会后纪要形成全流程的工作环节。

学习笔记/评论

学习本知识技能点后，对其等级评价：　　+赞☆☆☆☆☆　　分享/转发☆☆☆☆☆

给下属委派任务

委派任务的流程是说明任务、明确要求、共商措施、支持信任、汇报约定、形成文字（公布）以及跟踪监督，形成管理活动闭环结构；管理中采用的委派策略须因下属成熟度而有所差别，典型的有：**新手—辅导（Coach）策略**、**生手—控制（Control）策略**、**熟手—协调（Facilitator）策略**和**能手—顾问（Consultant）策略**。

下属执行任务是需要责权利相结合的，委派任务的同时向下属授权是必要的。有效授权根据下属的类型而定，具体来说就是，基于意愿与能力两个维度将下属按四象限分类，依据原则"**内心里尊重下属、工作上培养下属**"处理与下属的关系，通过"合理授权＋需求激励"促进下属进化成内在驱动型。管理者对既有意愿又有能力的员工，沿着"**职位见习—公文批阅—暂时升迁—角色替代—下放权力**"路径将其培养成授权对象，最后编制下属**责任（职权）分配矩阵**。

电影制作的责任（职权）分配矩阵见表 7-2。

表 7-2 电影制作的责任（职权）分配矩阵

符号	含义	编剧	制片人	导演组	特效组
○	决策				
◇	审核				
□	讨论				
△	通知				
	活动/任务				
1	**筹备（120 天）**				
	获得原著拍摄权		△ ○	◇ ◇	
	编剧	△	○		
	制定预算		□		
	组建剧组		□		
	确定拍摄景地		△		
	制作道具		□	○	
	租借摄影灯光器材		□	○	△
	剧本送审（申请拍摄许可证）		□	○	△
2	**拍摄（90 天）**				
	现场维护		□	△	
	景地联系	△	◇		
	预算控制		□		
3	**后期制作（200 天）**				
	特效制作		○	△	△
	镜头剪辑		□	○	
	音乐制作	△	○		

（续）

			角色（责任部门/人员）			
			编剧	制片人	导演组	特效组
○	决策					
◇	审核					
□	讨论					
△	通知					
	活动/任务					
	画面调色					
4	审查（45天）					
	送电影局审查			△		
	获得电影片公映许可证				○	△
	进入院线放映				□	○
	参加影展		△			

授权实质上就是分派职责、授予权力、产生义务。适当授权有以下几个原则：

- 明确原则。
- 匹配原则。
- 责权对等原则。
- 信任原则。
- 监督原则。

另外，委派任务过程中需要保持与下属的沟通，主要表现在"**分享经验、赞赏表现、化解抱怨、激励动机、恰当批评**"方面；可以采用"望（观察）、闻（倾听）、问（提问）、切（验证）"流程。

[练习]

拟组织有共同兴趣的同学成立直播团队，进驻某直播平台，你来安排团队分工，绘制团队组织结构图和责任（职权）分配矩阵。

学习笔记/评论

学习本知识技能点后，对其等级评价： +赞☆☆☆☆☆　分享/转发☆☆☆☆☆

7.4　分享与评估

分享与交流

学习团队继续完成真实任务，提供任务单所要求的文档，并利用"完成情况评估图"，由自我、同伴、教师（师傅）进行评估。之后，将对本单元知识技能的理解（可采用 ORID 法进行学习回顾）、访问任务单中企业的概况、工作任务的完成结果、学习过程反思等制作成 3~5 分钟的高清"**微视频**"，派代表在课中进行 6~8 分钟的分享交流，并由其他团队进行**同伴评价**。

完成情况评估

工作任务完成情况评估雷达图如图 7-4 所示。

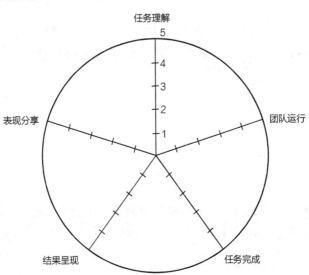

图 7-4　工作任务完成情况评估雷达图

注：从"任务理解、团队运行、任务完成、结果呈现、表现分享"五个维度，对本工作任务学习及完成情况，分别由自我、同伴、教师（师傅）进行评估，用颜色笔以 5 分制（分值越大越好）将评估结果绘制在图 7-4 中。

学习反思

首先，与团队、个人学习目标进行逐一对比，以清单列表或思维导图，分解出已完成和未完成两部分；其次，用3~5个关键词描述自己团队在完成这项工作任务中未能解决的问题与所遇障碍；最后，对照最佳团队，归纳自己团队未完成部分的主要原因与对应责任，提交反思报告。

问题与障碍：

单元测验（建议在30分钟内完成）

问题：总结本单元学习的知识与技能，归纳提炼为3~6个关键词，并用这些关键词绘制本单元的知识地图/思维导图。（得分1 2 3 4 5）

问题：重庆金夫人婚纱摄影有限公司解放碑店，拟举办10月金秋摄影季活动，请你设计一个3分钟的故事，争取打动一对在富士康园区打工的正打算结婚的年轻农村夫妇参与这项活动。（得分1 2 3 4 5）

问题：有人说，只有遵循"慈不带兵、义不养财"原则，才不会培养出"小绵羊""老油条""小白鼠"这类的下属。如果出现这样的下属，作为上司，你应该持什么态度？（得分1 2 3 4 5）

7.5 拓展学习

优秀的员工敢于向上管理老板

通用电气前 CEO 杰克·韦尔奇的助手罗塞娜·博得斯基做了杰克·韦尔奇 14 年的助理，她把和老板一起工作的经验写成了一本书，名为《支撑：做副手的智慧》，提出了"向上管理"的概念。

在她看来，管理需要资源，资源的分配权力在你的老板手上。因此，当你需要获得工作的资源时，就需要对老板进行管理。

"向上管理"是一种有趣的说法，其本质是一种影响力，一种更高超的影响力，用来影响那些对你有管理权力的人。

……

（资料来源：刘润，优秀的员工敢于向上管理老板. 罗辑思维官方微博.）

要求：在网上搜索并仔细完整地阅读这篇文章，之后用 2~4 个关键词归纳作者所表达的核心意思，再用图或表描述这篇文章与本章所学的哪些知识是相关的。

7.6 下一个工作任务

预学习"**第 8 章　激励下属**"。教师将课程数字化资源上传到选定的在线学习平台，要求学习者进入"真实工作任务"环节，与自己所在团队成员开始新的管理活动。

第 8 章 激励下属

任务单：重庆万达文化旅游城中华传统老字号主题商业街区项目运营管理

重庆万达文化旅游城项目位于重庆市沙坪坝区，占地 270 公顷，总建筑面积 550 万平方米，总投资 550 亿元。

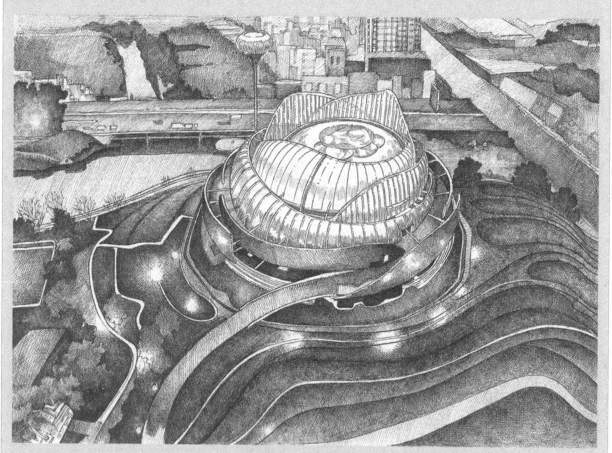

重庆万达文化旅游城

任务：你被任命为商业管理中心运营管理部中华传统老字号主题商业街区的项目组负责人，需要在 2 周内拟定出项目组的激励方案。

8.1 真实任务练习

任务解析

团队对任务单中问题的理解：

教师对任务单中问题的理解：

你的任务就是制订重庆万达城中华传统老字号主题商业街区项目运营管理团队的激励方案，报给上司审批后执行。

预备知识与技能： 会使用思维导图，会使用阿里"钉钉"App、会写经典商业应用文。

新知识： 激励的概念、激励理论、内在动机与外在动机、委托代理理论。

拟定学习目标

课程学习目标：

形成务实严谨的工作态度与良好的人际关系，使用数学或结构化逻辑思维分析与理解问题，文字组织条理清晰、表达流畅；能够识别下属需求（动力源）、设计激励机制、选择激励形式、设计薪酬制度、测量激励效果。

个人学习目标：

编制团队工作（学习）计划

团队共同讨论制订完成本期工作任务的计划，并填写在表 8-1 中。

表 8-1 团队工作（学习）计划表

年 月 日— 年 月 日

周日	周一	周二	周三	周四	周五	周六
周日	周一	周二	周三	周四	周五	周六

完成情况初步评估

工作任务完成情况评估雷达图（范例）如图 8-1 所示。

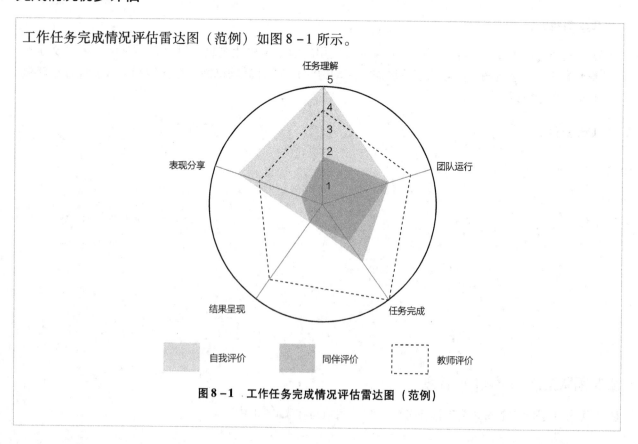

图 8-1 工作任务完成情况评估雷达图（范例）

工作任务完成情况评估雷达图如图8-2所示。

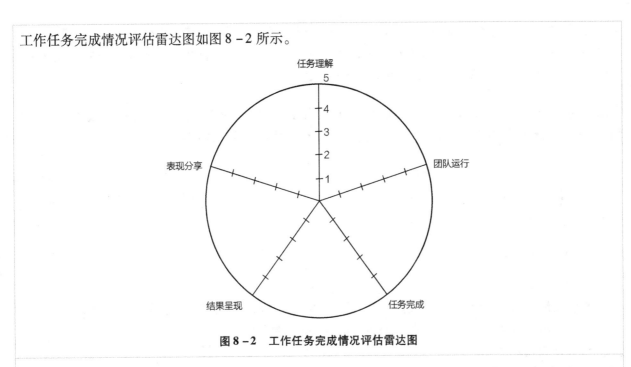

图8-2 工作任务完成情况评估雷达图

注：从"任务理解、团队运行、任务完成、结果呈现、表现分享"五个维度，对本工作任务学习及完成情况，分别由自我、同伴、教师（师傅）进行评估，用颜色笔以5分制（分值越大越好）将评估结果绘制在图8-2上。

8.2 破冰游戏

随机抽取两组同学，用情景剧的形式表现唐代文学家刘禹锡的《竹枝词九首》之二"山桃红花满上头，蜀江春水拍山流。花红易衰似郎意，水流无限似侬愁"的意境。准备时间5分钟，每位成员必须在其中担任角色。（或随机选择一位同学讲一个不超过5分钟的好故事，请其他同学点评。）

8.3 新知识技能学习

识别下属需求（动力源）
设计激励机制
选择激励形式
设计薪酬制度
测量激励效果
管理者自我激励

当我们组建了团队，明确了权责，制定了制度，拟订了计划，最后却发现员工并非按我们想象中那样去工作。约翰·贝茨·克拉克奖（John Bates Clark Medal）得主，美国经济学家史蒂芬·列维特提醒我们："绝对、永远不要以为人们仅仅因为某件事是对的就会去做。"

员工是因为得到激励才会去做事情的。然而，美国教授杰克·C. 弗朗西斯（Jack C. Francis）却说：你可以买到时间、技术，却不能买到热情、创造性和投入，你不得不设法争取（对违规的惩罚就是对守法的奖励）。激励员工，就是让无力者有力，让有力者前行。

激励（Motivate）是影响人的内在需求或动机，从而引导/否定、维持和强化特定行为的动力循环过程。焕发内驱力是激励的本质，"胡萝卜与大棒"是多数管理者常用的激励手段。

任何人的活动都必然有其起始动机和终极目标，都是为了满足和实现人在某个阶段的欲望和需要，使人能维持生存、改善生活、成就事业、得到发展。这个动机和目标实现的可能性越大，人工作的热情就越旺盛、动力就越充足。

激励方案的设计流程如下：

- 识别下属需求（Need）。
- 设定激励目标（针对隐藏信息——让下属说真话、针对隐藏行为——让下属不偷懒）。
- 设计激励方案（核心是薪酬（Compensation）等相关制度）。
- 评估激励效果。
- 基于反馈持续改进。

（正面）激励的实施是个"沟通—承诺—行动—反馈"的过程。管理者与下属沟通其工作表现，分析其优劣好坏并提出辅导意见，与下属讨论其行动方案并获得其承诺，追踪下属行为过程，根据新的表现进行激励、期待，形成正强化的闭环。

> **理论：激励理论**
>
> 激励理论分为：基于对称/完全信息下个体行为视角、基于非对称信息下群体博弈视角。基于对称/完全信息下个体行为视角：X-Y 理论以及（动机理论）马斯洛需求层次理论、赫茨伯格双因素理论、弗鲁姆期望理论、麦克利兰成就理论、亚当斯公平理论从不同角度解释了个体动力的来源，主要基于外部动机。
>
> 基于非对称信息下群体博弈视角：人性假设以及机制设计理论、契约理论解释了个体追求利益/效用最大化前提下的行为选择，主要基于内部动机（自我发展）。
>
> **马斯洛需求层次理论**
>
> 美国人本主义心理学家马斯洛提出了著名的"需求层次理论"：第一，生理需求：人首先要活着；第二，安全需求：仅仅活着不够了，还不能担惊受怕；第三，社会需求：安全有保障后，融入集体，寻求归属感；第四，尊重需求：集体不仅接受我，还要尊重我；第五，自我实现需求：让我的潜能完全释放。
>
> [强化学习] 杰夫·格林伯格，谢尔登·所罗门，汤姆·匹茨辛斯基. 怕死：人类行为的驱动力 [M]. 陈芳芳，译. 北京：机械工业出版社，2016.
>
> 找准所处的需求阶段是关键。用自我实现的手段激励处于生理需求阶段的员工，他会觉得你不够聪明；用生理需求的手段激励处于自我实现阶段的员工，他会觉得你无知。
>
> **双因素理论**
>
> 美国心理学家赫茨伯格把一个人认为自己"应得到"的那些东西，叫作"保健因素"。而如果你给一个人一样东西，

他喜出望外,说"太好了",那么这个东西就叫作"激励因素"。

赫茨伯格在1959年提出了著名的"双因素理论":人不会因为得到"保健因素"而满意,只会因为得不到而不满;相反,没有"激励因素"没关系,但如果有了,就会备受激励。理解"双因素理论"有以下几个关键点:

- 激励因素,通常是工作带来的表现机会、喜悦和成就感。
- 多研究激励因素,尤其是研究人性。
- 防止激励因素变为保健因素。

期望理论

北美著名心理学家维克托·弗鲁姆提出了著名的期望理论:激励水平=可能性(期望值)×渴望度(效用)。

员工被激励的这个心理过程有三步:第一步,员工觉得个人努力可以达成个人绩效;第二,员工相信个人绩效可以获得组织激励;第三,员工渴望组织激励,用以满足个人需求。所以要处理以下三种关系:

- 努力和绩效的关系,也就是"可能性"。
- 绩效与奖励的关系,可以称之为"关联性"。
- 奖励和需求的关系,也就是"渴望度"。

X-Y 理论

美国心理学家道格拉斯·麦格雷戈提出Y理论。他认为,人的本性并不厌恶工作,如果给予适当机会,人们其实喜欢工作,并渴望发挥其才能;多数人愿意对工作负责,寻求发挥能力的机会;限制和惩罚不是人为组织目标而努力的唯一办法;激励在需要的各个层次上都起作用;想象力和创造力是人类广泛具有的。

X理论假设人为"实利人",就是唯利是图的人;Y理论假设人为"自动人",就是主动积极的人。不要仅仅崇尚强调"激励"的Y理论,强调"压力"的X理论也有它的合理性,关键是因人、因时、因事,灵活使用。简言之,三个字:看情况。这一理论在运用中有三个重点:

- 坚守底线。
- 提高要求。
- 赏罚分明。

公平理论

美国心理学家约翰·亚当斯在1965年提出了著名的公平理论:员工的激励程度来源于和参照对象的报酬/投入比例的主观比较(感觉)。员工会拿自己的薪水和三个因素做比较:内部的其他同事、外部的市场行情和自己的努力应得。只要有一个不公平因素,员工就会产生巨大的负面情绪。

(资料来源:刘润. 联邦分权与职能分权. http://shrekqian.com)

识别下属需求(动力源)

真正的激励来自员工内心的控制。员工加入组织是要获得什么样的需求满足?也就是说,激励员工时应该给员工画什么样的"饼"?

美国心理学家爱德华·L. 德西(Edward L. Deci)和理查德·莱恩(Richard Ryan)等在20世纪80年代提出的关于人类自我决定行为的动机过程理论(Self-Determination Theory)认为,所有人都有三个基本心理需要：归属感（Relatedness）、自主感（Autonomy）和胜任感（Competence）。归属感指感受到爱、尊重和接纳，自主感指感到行为可以由自己决定，胜任感指个体觉得自己能做到。

[强化学习] 自我决定论官方网站. http://selfdeterminationtheory.org.

自我决定理论的原理如图 8-3 所示。

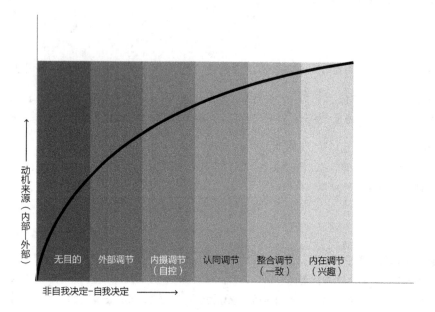

图 8-3 自我决定理论的原理

美国心理学家威尔·舒茨（Will Schutz）于 1958 年提出，个人在集体中有三大基本心理需求：参与需求（感觉到自己的位置）、控制需求（感觉到自己有影响力）和开放需求（能够和他人建立亲密联系）。

心理需要的满足可能导致内在动机，也可能导致外在动机产生。**内在动机**（Intrinsic Motivation）是指活动本身的价值、兴趣或愉悦引发的动机，不是为了获得奖励，或是避免惩罚，而是因为受兴趣与好奇心驱动。相反，**外在动机**（Extrinsic Motivation）是活动所指向的外在目标引发的动机，如金钱、分数、强迫、惩罚等，常常与内在动机相抵触。

激励应该激发员工正向组织目标的内在/外在动机，抑制员工逆向目标的内在/外在动机。德西与莱恩等心理学家通过实验证明了美国心理学家罗伯特·怀特（Robert White）断言的正确性：奖赏会伤人。金钱等外部奖励反而会削弱人类的行为动机。人生并不像马斯洛说的那样，在玩一个爬梯子游戏，在上一段时间解决温饱，接着在下一段时间谈情说爱。

[强化学习] 1. 阳志平. 为什么奖赏会伤人. 阳志平的网志.
2. 阳志平. 如何成为内在动机驱使的人？阳志平的网志.

满足员工的心理需要，意味着好企业应该兼具军队、学校、家庭三种组织特征。军队的特征是精神至上、行为统一；学校的特征是在学习中成长，在鼓励中发展；家庭的特征是感恩伦理、温情关怀。

[练习]

作家雾满拦江分析了刘邦崛起的原因。秦朝末年，群雄并起，都是有来头的，团队也很豪华。比如项羽，他是楚国贵族出身，自己也有雄才大略。唯独刘邦，出身农家。团队成员呢？都是些杀猪的、卖菜的、底层官员……有人说这说明刘邦会用人，不对。会用人，是指找本来就很强的人。刘邦不只是会用人，他还会激发人，会激发这些杀猪的、卖菜的、底层官员本来就有，但是自己看不到，如果没有被刘邦激发，一辈子就会被埋没的那些东西。后来，这些人大多成为汉朝的开国将相。阅读汉朝历史，举例说明刘邦是如何激发个人潜力的。

学习笔记/评论

学习本知识技能点后，对其等级评价：　+赞☆☆☆☆☆　分享/转发☆☆☆☆☆

设计激励机制

人们常用"买菜"来描述上司和下属关于激励的心态。上司认为下属做多少事给多少钱，下属认为上司给多少钱做多少事。我们来看看汤姆·彼得斯在《管理的革命》中提出的激励设想：每个季度与员工一起浏览其简历，并共同设想下一季度可以做到简历中的工作及其成果，激活每个员工的自我实现需求。他甚至设想每个季度举行一次员工简历改进比赛，因此，管理者可以将持续优化简历作为激励员工行为的一种策略，以取代当前的目标管理模式，也许还可以取代传统的员工评价与考核过程。激励机制需要平衡两个对立立场的参与者的诉求。

激励的两个重要功能是"强化与示范"，也就是说，激励具有行为导向性，从三个母亲"分苹果"的故事中可以看到这些作用。而美国经济学家阿道夫·A. 伯利和加德纳·C. 米恩斯 1930 年提出的**委托代理理论**告诉我们，怎样激励才能将员工行为导向组织目标，要竭力避免行为激励不匹配。

上司与下属的工作关系可视为**委托代理关系**（契约关系，泛指任何涉及非对称信息的交易），双方之间存在非对称信息（Symmetric Information）现象，会影响到激励的结果走向。

若双方是事前（达成契约前）非对称信息，代理人可能发生隐藏信息（不可观测信息）的逆向选择（Adverse Selection）；若双方是事后（达成契约后）非对称信息，代理人可能存在隐藏行动（不可观测行动）/隐藏信息的道德风险（Moral Hazard），比如偷懒/磨洋工（Shirking）、机会主义（Opportunism）行为。

因此，好的激励机制诱使代理人按照委托人的意愿行为，具体来说是使人说真话、让人不偷懒（搭便车），就是委托代理关系达成均衡（将委托人与代理人的利益进行有效"捆绑"，使得代理人努力工作的收益大于偷懒的收益），而条件就是做到**"参与约束与激励相容"**（Incentive Compatibility）。其中，参与约束是指代理人预期收益不低于同等成本约束下从其他委托人所获得的收益，激励相容是指代理人预期效用最大化且委托人预期效用最大化。

激励既要激发下属的行为动力，也要防止下属的不当行为；针对隐藏行动的道德风险需要设计能够引诱代理人基于自身利益而选择有利于委托人的行为，针对隐藏信息的道德风险需要设计能够引诱代理人在给定自然状态下选择有利于委托人的行为。

[强化学习] 1. 好新奇创意铺子. 三个分苹果的故事. 果壳网.
2. 纳兰倾城 1314. 委托代理与激励机制. 百度文库.

学习笔记/评论

学习本知识技能点后，对其等级评价： ＋赞☆☆☆☆☆　分享/转发☆☆☆☆☆

选择激励形式

驱动人类行为的是"**物质利益交换、情感需求满足、社会关系连接和道德承诺**"四驾马车。其中，物质利益（特别是货币奖励）具有高效的传导性，成为最常用的激励源，其边际效用递减最快，持久性低于其余三种。

赫茨伯格的双因素激励理论如图8-4所示。

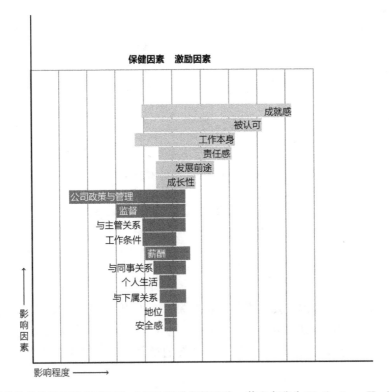

图8-4 赫茨伯格的双因素激励理论（又称激励保健理论，英文名称为Motivator—Hygiene Theory）

注：图中横条纹代表影响人行为动力的因素，上半部的浅色横条是激励因素，下半部深色横条是保健因素，横条的长度表示影响程度大小。每种因素其实同时具备激励和保健作用，但以一种作用为主导。

运用需求层次理论对下属进行赏识激励，运用双因素理论防止激励失效，运用期望理论针对员工主导动机深度激励；非货币性激励的形式包括榜样、愿景/目标、尊重、赞美、荣誉、兴趣、情感、沟通、参与、晋升、授权、竞争、培训、庆贺等激励。

负面激励采用"三明治"式批评，基于期待效应的**"沟通—分析—解决—鼓励"**公式，使得员工在获得认同和理解的前提下虚心接受批评，明白问题及其产生原因并进行改正。比如，员工迟到了，作为部门经理按照下面这样的方式来表达会比直接批评要好些。

"你之前上班一直都很准时。"（表扬）
"今天为何迟到了10分钟？"（批评—分析）
"这次情况特殊，希望你以后还能够像之前那样准时上班。"（解决—期望或建议）

负面激励的注意事项：

- 控制自己的情绪，冷静客观地面对下属的不良表现。
- 面对面直接说，避免间接尤其是背地里批评。
- 先灭火（处理），再调查，最后问责。

[强化学习] 1. 刘建鸿. 到底能不能用物质奖励孩子？
2. 关键在于培养孩子的内在动机. 微信公众号：爱贝睿学堂.
3. 刘润. 关于如何有效激励下属的清单. 微信公众号：罗辑思维. 2017年8月3日.

设计薪酬制度

薪酬是激励政策的具体体现,其构成要素主要包括工资、奖金和福利。工资解决"吃得饱"问题,奖金解决"干得好"问题,福利解决"跑不了"问题,也就是说,工资是基于责任,奖金是基于业绩,福利是基于人头而定的。有效的薪酬设计能够确保外部的竞争性和内部的公平性。

薪酬构成项目如图 8-5 所示。

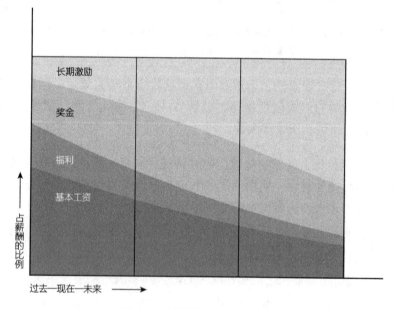

图 8-5　薪酬构成项目示意图

(1) 选择薪酬设计模型。薪酬设计以岗位价值/评价(Position)、个人能力/资历/差异(Person)、个人/部门/组织绩效(Performance)以及人力资源市场价格(Market)作为薪酬计算的核心影响因素(简称 3PM 薪酬模型),兼顾组织内部公平性与外部竞争力。

(2) 设计岗位序列、层级及其对应关系,绘制职级表(见表 8-2)。

表 8-2 职级表范例 (单位:元)

岗位			级别	级差	月薪	比例结构		工资结构			
管理	技术	销售				固定	绩效	基本	岗位	绩效	奖金
总裁			15	5 000	50 000	2	7	10 000	5 000	35 000	
			14								
副总			13								
			12								
总监			11								
			10								
			9								
			8								
			7								
			6								
			5								
			4								
			3								
			2								
		助理	1	100	1 750	8	2	1 200	200	350	

(3) 设计工资、奖金和福利的等级,编制薪酬等级表(见表 8-3)。

表 8-3 薪酬等级表范例 (单位:元)

职级	部门及岗位	薪级	档差	工资	津贴	1 档	2 档	3 档	4 档	5 档
15	总裁	15	3 000							
14	常务副总裁	14	2 000							
13	副总经理	13	1 500	8 000	2 000	10 000	11 500	13 000	14 500	16 000
12		12	1 000							
12		12	1 000							
11		11	700							
11		11	700							
10		10	600							
10		10	600							
9		9	500							
9		9	500							
8	总监助理	8	450	3 300	1 200	4 500	4 950	5 400	5 850	6 300
8		8	450							
7		7	400							
7		7	400							
6		6	300							

(续)

职级	部门及岗位	薪级	档差	工资	津贴	1档	2档	3档	4档	5档
6		6	300							
5		5	250							
5		5	250							
4		4	200							
4		4	200							
3		3	150							
3		3	150							
2	业务员	2	100							
1	业务助理	1	100	1 200	200	1 400	1 500	1 600	1 700	1 800

学习笔记/评论

学习本知识技能点后，对其等级评价： ＋赞☆☆☆☆☆ 分享/转发☆☆☆☆☆

测量激励效果

激励效果可以通过员工敬业度指标进行间接反映，盖洛普提供的 Q12 测评量表，是测量和管理员工工作热情和投入程度的有力工具（参见本书附录部分的盖洛普 Q12 员工敬业度测评量表）。

伴随激励产生的棘手问题是"公平"感，其在很大程度上会影响激励的效果。"公平"感有强烈的主观特征，视人的价值观/立场的不同而不同，虽然可应用亚当斯的公平理论进行基本评价，但"公平"感的归因仍然比较困难。另外，需要特别注意的是"搭便车"对"公平"感的破坏作用，"搭便车"就是经济学上说的外部性。

[强化学习] 1. Q12 员工敬业度中心，Gallup 中国官方网站.
2. 阳志平. 为什么奖赏会伤人. 阳志平的网志.

管理者自我激励

管理工作是高心理压力、高职业倦怠的工作，管理者也需要激励，来激发高质量的工作状态。除了指望上司来激励（若已是最高管理者呢？），更有效的是自我激励（更多的来自内在动机），重新定义休息和健康的概念，奉行"快乐工作，事业养生"，学会压力管理，享受快乐人生。

塑造阳光心态的工具，改变不了事实就改变我们的态度，学会享受过程，活在当下，无须杞人忧天，建立自己的快乐标准；高效"压力管理"的6个步骤如下：

- 分析压力的问题根源。
- 重新审视、制定目标。
- 制订时间管理计划。
- 改善人际关系。
- 调整自我心态。
- 珍惜身体健康。

[强化学习] 阳志平. 成为自己，才是对自己的奖赏. 财新周刊. 2016年11月21日.

8.4 分享与评估

分享与交流

学习团队继续完成真实任务，提供任务单所要求的文档，并利用"完成情况评估图"进行自我、同伴、教师（师傅）的评估。之后，将对本单元知识技能的理解（可采用ORID法进行学习回顾）、访问任务单中企业的概况、工作任务的完成结果、学习过程反思等制作成3~5分钟的高清"**微视频**"，派代表在课中进行6~8分钟的分享交流，并由其他团队进行**同伴评价**。

完成情况评估

工作任务完成情况评估雷达图如图8-6所示。

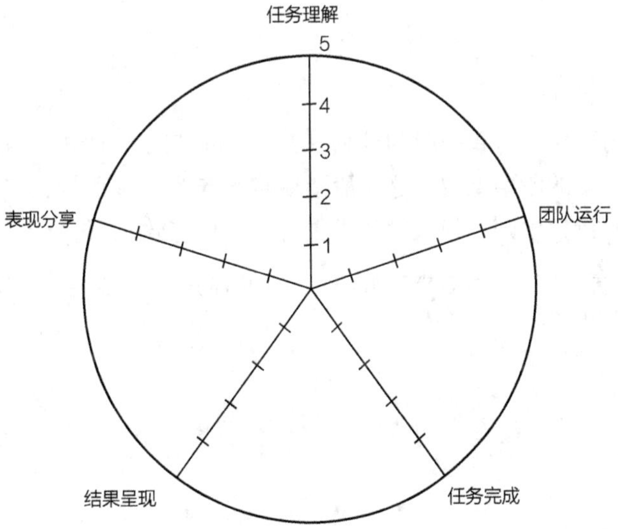

图8-6 工作任务完成情况评估雷达图

注：从"任务理解、团队运行、任务完成、结果呈现、表现分享"五个维度，对本工作任务学习及完成情况，分别由自我、同伴、教师（师傅）进行评估，用颜色笔以5分制（分值越大越好）将评估结果绘制在图8-6中。

学习反思

首先,与团队、个人学习目标进行逐一对比,以清单列表或思维导图,分解出已完成和未完成两部分;其次,用3~5个关键词描述自己团队在完成这项工作任务的过程中未能解决的问题与所遇障碍;最后,对照最佳团队,归纳自己团队未完成部分的主要原因与对应责任,提交反思报告。

问题与障碍:

单元测验(建议在30分钟内完成)

问题: 总结本单元学习的知识与技能,归纳提炼为3~6个关键词,并用这些关键词绘制本单元的知识地图/思维导图。(得分 1 2 3 4 5)

问题: 华为技术有限公司开始实行单位时间计划(Time-unit Plan,TUP),每年根据所在岗位及级别、绩效,给员工配发相应数量的股票期权,这个股票期权5年为一个周期,股票期权不需要花钱购买。你来设计这个股票期权的行权规则,使激励效果更持久、更有效。(得分 1 2 3 4 5)

[强化学习] 姚玮洁. 到了34岁我就要被辞退?华为内部员工揭秘真相. 中国新闻周刊. 2017年3月20日总第796期.

问题：《王者荣耀》是腾讯公司开发的5V5英雄公平对战手机游戏，2016年全年收入为68亿元，占2016年中国大陆手游总收入的17.7%。针对这样的"爆款"游戏，如何防止核心员工离职将商业/技术机密带给竞争对手，可以采取哪些激励措施？（得分 1 2 3 4 5）

8.5 拓展学习

史玉柱：我是如何让员工死心塌地跟随我的？

史玉柱说，"每个企业都有自己的特点，每个企业都有自己独特的文化。在其他的企业里面，是个人才，那只能说在那个特定环境下，是个人才。换了个环境，就不一定是人才。"史玉柱到底是怎么建立起一支强有力的团队的呢？他是如何带队伍的？

……

（资料来源：老板俱乐部. 史玉柱：我是如何让员工死心塌地跟随我的？搜狐网.）

要求：在网上搜索并仔细完整地阅读这篇文章，之后用2~4个关键词归纳作者所表达的核心意思，再用图或表描述这篇文章与本章所学的哪些知识是相关的。

8.6 下一个工作任务

预学习"**第9章　有效沟通与协调**"。教师将课程数字化资源上传到选定的在线学习平台，要求学习者进入"真实工作任务"环节，与自己所在团队成员开始新的管理活动。

第 9 章　有效沟通与协调

任务单：重庆万达文化旅游城中华传统老字号主题商业街区项目运营管理

重庆万达文化旅游城项目位于重庆市沙坪坝区，占地 270 公顷，总建筑面积 550 万平方米，总投资 550 亿元。

重庆万达文化旅游城

任务：你被任命为商业管理中心运营管理部中华传统老字号主题商业街区的项目组负责人后，就最近一周的工作向上司汇报、与下属沟通，需要在 1 周内分别拟定汇报提纲（含多媒体演示文档）。

9.1 真实任务练习

任务解析

团队对任务单中问题的理解：

教师对任务单中问题的理解：

你的任务是将近期的工作情况整理成文档，用上司、下属能够理解的语言/形式，模拟向上汇报、向下沟通。

预备知识与技能：会使用思维导图、会使用阿里"钉钉"App、熟悉商业地产基本知识、会典型商业应用文写作。

新知识：沟通、倾听、说服、托马斯-基尔曼冲突模型。

拟定学习目标

课程学习目标：

形成务实严谨的工作态度与良好的人际关系，使用数学或结构化逻辑思维分析与理解问题，文字组织条理清晰、表达流畅；能够与上司沟通、与下属沟通、与同级（部门）沟通，能够处理冲突、管理负面情绪。

个人学习目标：

编制团队工作（学习）计划

团队共同讨论制订完成本期工作任务的计划，并填写在表9-1中。

表9-1 团队工作（学习）计划表

年　月　日—　年　月　日

周日	周一	周二	周三	周四	周五	周六
周日	周一	周二	周三	周四	周五	周六

完成情况初步评估

工作任务完成情况评估雷达图（范例）如图9-1所示。

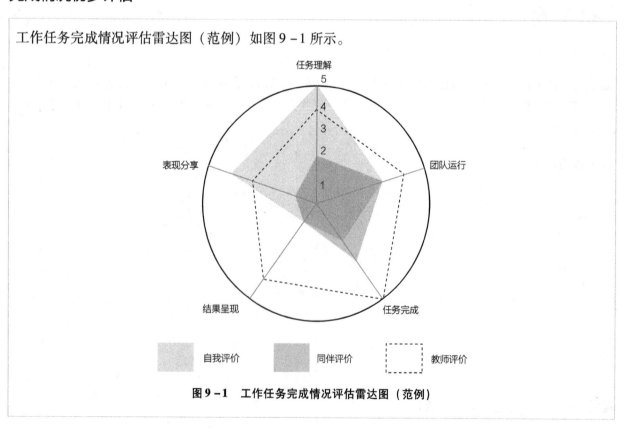

图9-1　工作任务完成情况评估雷达图（范例）

工作任务完成情况评估雷达图如图9-2所示。

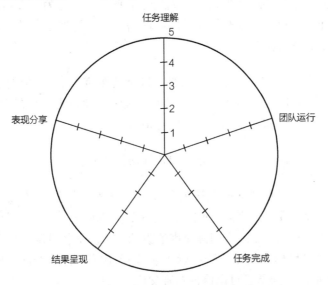

图9-2 工作任务完成情况评估雷达图

注：从"任务理解、团队运行、任务完成、结果呈现、表现分享"五个维度，对本工作任务学习及完成情况，分别由自我、同伴、教师（师傅）进行评估，用颜色笔以5分制（分值越大越好）将评估结果绘制在图9-2上。

9.2 破冰游戏

将学生分组，每组6~8人，老师给第一位同学一个字——"萌"，要求他在1分钟内画一张图，画好之后传给下一个小伙伴看10秒，由第二位小伙伴再画画传给下一位，然后如法炮制至最后一个小伙伴（规则类似击鼓传花游戏）。（或随机选择一位同学讲一个不超过5分钟的故事，请其他同学点评。）

9.3 新知识技能学习

  与上司沟通
  与下属沟通
  与同级（部门）沟通
  冲突处理
  管理负面情绪

为什么常常好心办坏事、沟通有障碍、彼此有冲突、团队有隔阂呢？为什么常常员工不理解、领导不支持、同事不配合呢？为什么常常执行不到位、信息不清楚、氛围不和谐、士气不高涨呢？问题往往不是出在水平上，而是出在沟通上。美国普林斯顿大学的研究人员发现，智商、专业和经验只占成功因素的25%，75%决定于良好的人际沟通。

沟通（Communication）是在个体之间传递信息和情感，从而达成共识、形成目标的管理行为（过程），其本质是为了达成共识实现信息的高效传递，达到畅通信息、控制行为、表达情感、激励成员的目的，其中说服占据大部分。通俗地讲，沟通是解决问题、联络感情、开展工作的方式。你的沟通能力如何？可以使用本书附录中的量表进行测量。

爬山要懂山性，游泳要懂水性，沟通一定要懂人性，即懂得如何与各式各样的人打交道。在商务合作中，如何共建彼此都觉得舒适的洽谈氛围？在与同事交流中，如何提出要求又让对方觉得你在为他着想？在与亲友相处中，如何营造和谐氛围，使彼此感情融洽呢？

想要拥有良好的人际关系，关键在于**洞察对方，知人知面又知心**。

有两个人去寺庙跟师父修禅，但是他们都觉得很辛苦，因为这两个人有烟瘾。而师父很严格，所以两个人一直熬着，终于有一天，两个人都熬不住了，就约定分别向师父请求准许吸烟。甲先去向师父申请吸烟，结果被师父棒打了一顿，乙后去向师父申请吸烟，结果师父批准了。乙问甲："你是怎样问师父的？"甲说："我问师父，修禅的时候是否可以吸烟？"乙说："你这样问，师父当然要打你了。"乙接着说："我问师父，吸烟的时候是否可以修禅？师父说可以！"

这就是沟通的奥妙：不要仅仅从自己的立场、视角出发，**要洞悉对方的内心目的**，只有这样才能够达成你的目的。

沟通主要有**与上司沟通、与下属沟通、与同级沟通**，也被称为上行、下行、平行沟通，相应的典型沟通障碍表现为：往上沟通没有胆（识），往下沟通没有心（情），水平沟通没有肺（腑）。

[强化学习] 1. 熊太行. 关于如何成为会聊天的人的清单. 微信公众号：罗辑思维. 2017 年 8 月 9 日.
2. 勇哥在进化. 关于如何成为会聊天的人的清单（对熊太行同名文章的心得和体会）. 简书.
3. 王小圈. 如何成为一个有趣的人 [M]. 北京：电子工业出版社，2017.

与上司沟通

工作中到底应如何与上级协作？怎样才能获得上级的青睐？这是大多数人都会遇到的问题。其实，上级也可以被管理。与上司沟通通常是**汇报**与**请示**两件事。如果 1 分钟之内你不能吸引他的注意力，你的汇报就基本输给了他的手机或者干脆被打断了。

汇报的逻辑与执行工作任务的流程相反，先报告目标、结果再解释原因和过程，先概括重点、要点再说明细节，具体要说清楚：做了什么、有什么结果——遇到什么问题、拟解决的思路——计划如何做、预计的结果。**请示**是因为出现例外工作，职责权限范围内的事情不请示，权限范围外的事情需要有候选方案的请示（**让上司做选择题而非问答题**）。

在现代社会，人们面对的基本是"怎么办"的问题，我们缺的不是评价者，而是在能力上和自己互补的合作者，**不带解决方案的意见越来越不受欢迎**。

另外，汇报与请示，是将自己的想法、做法用对方能够明白的语言与载体传递给对方，也就是如何表达的问题。表达需要清晰的逻辑结构，可按照时间、属性两种维度来组织语言文字；前者是按照起因、发展、结果和未来流程环节梳理事物的来龙去脉（链式结构），后者是按照事物属性进行归类分解（塔式结构）。

与上司沟通的技巧是，要做到"**我办事你放心**"，具体而言：尊重上司的权威、恪尽职守不越位、请示汇报有分寸、有胆有识敢担当、患难之交见真情、化解上司的误会、巧妙应对上司问责。

在职场打拼，最重要的是善于表达，这样才能有效沟通，事半功倍。商务写作能力是被很多职场人忽略的一项软实力。清晰的写作思路和一手好文笔，也是让老板、客户认可的硬技能。特别是：

- 整理会议纪要，重点明确，专业且不沉闷。
- 撰写总结汇报，条理清晰，简要又不啰唆。
- 发送商务信函，措辞妥当，亲切而又明确。

[强化学习] 1. 蔡钰罗. 关于如何管理你的上级的清单. 微信公众号：罗辑思维. 2017 年 8 月 14 日.
2. 广东中渊科技有限公司. 对上管理的无用功：靠猜、靠等、靠拍. 今日头条.
3. 飞鱼海. 和上司共舞. 豆瓣网.

学习笔记/评论

学习本知识技能点后，对其等级评价：　　+赞☆☆☆☆☆　　分享/转发☆☆☆☆☆

与下属沟通

良好的沟通首先从倾听开始。**倾听**是主动沟通的过程，需要识别倾听的层次，分为**信息传递（用耳）**、**认知理解（用脑）**、**共鸣（用心/眼）** 层面的"听"。

有效的倾听，应该是避免倾听的误区，避免心不在焉（仅限取悦）、情感过滤（只听喜欢的）、轻率反馈（随性插话），做到态度专注（保持眼神交流、控制负面情绪）、跟进内容（多听少说、记录要点）、及时反馈（表达感受、确认理解、提出疑问、肢体语言鼓励）。

与下属沟通应遵循 KISS 原则，其中，K 是指 Keep Up，即你认为该员工有哪些工作（或行为表现）超出你的期望，并且这些方面你希望其在今后工作中能够继续保持？I 是指 Improve，即你认为该员工有哪些工作（或行为表现）需要进一步改进或进一步提高？S 是指 Stop，即你认为该员工有哪些工作（或行为表现）应该少做或停止做？此处的 S 是指 Start，即你认为该员工在下一步工作中可以尝试做哪些工作或承担哪些新职责？或参与什么新项目？或学习什么新技能？

> **技巧：听的五个动作**
>
> 勇猛精进的三三在文章《上善若水帮你搞定高效沟通》中归纳"听"的技巧：
>
> **看**：要有眼神交流。和对方眼神交流可以让心灵相通，也可给人安心和亲切感。从对方的眼睛也可以掌握他的内心活动，因此谈起话来就会更加投缘；而避开对方的眼睛，就会使谈话气氛变僵，感觉有点"无视"对方的存在，

也容易被对方怀疑是否隐瞒了什么事，或被认为没自信而遭到轻视。

笑：在沟通的时候，不独占说话时间、不抢话、不打断对方，并辅以微笑倾听，要让沟通的对方感到舒服和真诚。微笑是沟通的润滑剂。

点：根据内容给予必要的肯定反馈，表示你很认真地在倾听对方说什么。你可以不同意别人的观点，但请你保留别人说话的权利。

回：必要的时候给予对方必要的回应。一是告诉对方你有没有理解，二是告诉对方你有没有不同意见。反馈很必要。

记：好记性不如烂笔头，及时记录下必要的信息对于自己来说好回顾，同时也能让对方感受到你的重视。

[强化学习]　1. 马东. 好好说话. 喜马拉雅 FM.
　　　　　　2. 勇猛精进的三三. 上善若水帮你搞定高效沟通. 简书.

沟通中可能出于这些需要而**提问**：
- 建立信任感。
- 获得特定信息或确认对方真实意思。
- 给予对方决策或选择。
- 引导对方表达你希望的意思。
- 控制沟通进程节奏。

对应采取的提问策略是：
- 问题带有"破冰"性质。
- 问题中性客观。
- 问题给出选择空间或候选项。
- 问题隐含表达你的期待。
- 问题跳转或插入提示。

有效提问的技巧包括，**问题简明扼要**（用对方的语言体系表达）、不打断对话**选择提问时机**、亲和且**拒绝负面情绪**、可以让问题包含你的态度。

说服下属是常有的事情。**说服**是你对别人产生影响的一种形式，目的是改变对方的理念或行为。如果你需要说服对方，你需要让对方：
- 接收到信息。
- 注意到你要传递的信息。
- 至少对你给予的信息有一些理解。
- 接受你的结论。
- 保持新的态度（即使你不再说服对方，对方也会和你站在一边）。
- 用新的信念来指导其行为。

综合来看，影响到沟通的因素包括说服对象（受众）、传达的信息以及说服者；与受众有关的因素：人们有"选择性注意倾向"，会更倾向于会注意到支持自己原本观点的信息；与说服者有关的因素：你是否是权威人士决定是否产生"睡眠者效应"（Sleeper Effect，即说话者因权威因素产生的影响随着时间流逝而产生相反效果的现象）；与传递信息有关的因素：人们会更愿意花时间和精力去思考和自己有关的信息，也更有可能做到试图理解。

说服他人的小技巧，站在受众的右耳边进行说服，告诉对方"你有选择接受或者不接受的自由"。在谈论一件对方不喜欢的议题时加快语速，在谈论一件对方很熟悉的事情时要动之以情。提供一个反对自己的例子并驳倒它，需要多使用对方经常使用的语言、举对方熟悉的例子（**说对方的话**）。

当众批评别人从来就不是一件容易的事，没有人想当恶人。但批评意见又是重要的，因为这能帮助我们提高工作质量。我们对负面反馈有很多误解，斯泰西·R. 芬克尔斯坦（Stacey R Finkelstein）、艾莱特·菲什巴赫（Ayelet Fishbach）的研究发现，**负面反馈并非无益于提高工作表现**，负面反馈能告诉我们需要注意和改进什么，越是具体的批评意见，就越能规避理解误差，帮助别人提升表现；研究发现，当众表扬私下批评虽然能维护别人的面子，**但会削弱团队成员的责任担当意识**，只有每个成员具备担责意识，才能提升自我管理水平；研究人员还发现，人们总以为只有经理才能反馈负面意见，其实，**反馈是团队每个成员应尽的责任**，经理的责任是创造可以自由表达负面反馈的环境。

但是，怎样正确地批评别人呢？首先，你要确保团队中的每位成员明白反馈机制对工作的重要性。创建定期反馈和允许所有人畅所欲言的环境，让每个人都愿意接受和给予反馈。同时，管理者要做到善于倾听别人的意见，很多时候你的认识也许并非真实情况，要给别人解释的机会。还有，给予反馈这件事是需要不断练习的，可以让同事在反馈结束后给你评价，让你能够反思自己在反馈这件事上还有什么提升空间。

给予负面反馈时的 12 件应该做和不应该做的事见表 9-2。

表 9-2 给予负面反馈时的 12 件应该做和不应该做的事

序号	应该做	不应该做
1	与团队讨论反馈的重要性，让成员明白你为什么要这样做 做法：组织一场反馈前会议	抱过高、急切的期望（让成员逐步适应给予或接受反馈的这个过程） 做法：在成员单独反馈前，让每位成员给团队评分
2	建立定期反馈机制，每周回顾和反馈 做法：安排每周 10 分钟定期回顾会议	将负面反馈与加薪晋升混淆，会加重抵触情绪 做法：分别组织两个主题会议（绩效反馈、加薪晋升）
3	从自我批评开始，再对他人批评 做法：要求团队成员首先做自我评价	开门见山（在反馈前征询，获得对方许可和信任） 做法：问个问题，"我能给你一些反馈吗？"
4	任务开始或结束时，讨论提升的空间，以有效启动或结束工作，指导员工成长 做法：问个问题，"你下次如何做得更好？"	
5	听取对方看法，据此调整自己的想法 做法：询问后再跟进问题	模棱两可 做法：给出清晰的解决方案和指令
6	反馈后要求对方评价你的反馈 做法：反馈后要求对方以 10 分制给我的反馈打分	将负面反馈夹在正面反馈之间（"三明治"策略） 做法：直接表明你的态度，"我想跟你谈谈，我们有些需要从中吸取教训的地方。"

(续)

序号	应该做	不应该做
7	允许冲突，意见分歧在所难免，要专注引导对话 做法：开启对话模式，"用你的话解释一下，对方是什么意思？"	

[强化学习]
1. 翟桃子.《奇葩说》(5)：想说服别人，一定要学会这三招. 简书.
2. 翟桃子.《奇葩说》(4)：四步教你如何拉拢人心. 简书.
3. 艾莱特. 菲什巴赫. 社会情况下的行为动机：谁在影响我的决定？复旦商业知识网.
4. 林子人. 给予负面反馈的行动指南. 界面新闻网.
5. 罗颖：关于工作中如何用微信沟通的清单. 微信公众号：罗辑思维. 2017 年 7 月 24 日.
6. 什么是内向者专属的社交宿醉？微信公众号：Know yourself.

[练习]

随机抽出两个学习小组，自由组成辩论队，以"职场中是否需要拍上司马屁？"为辩论主题，3 分钟准备，7 分钟辩论。

学习笔记/评论

学习本知识技能点后，对其等级评价：　+赞☆☆☆☆☆　分享/转发☆☆☆☆☆

与同级（部门）沟通

"横看成岭侧成峰，远近高低各不同"，说的是每个人所处的位置决定所能看到的东西，管理上"屁股决定脑袋"就是同样的道理。因此，理念、目标、职权、利益差异导致同级（部门）沟通存在"位置"障碍，这些障碍通过有效会议协调、非正式沟通敏感议题、主动争取发言权、处理推诿问题等技巧可以化解或缓解。

与同级（部门）沟通秉承的原则是：

- 表达需求（部门需求区分优先级）。
- 认清角色（按职责权限流程不越位、不错位）。
- 相互了解（明白对方的需求，同级的职位关键绩效指标、个人偏好和工作状态）。
- 换位思考（求同存异相互补充，给予正向反馈）。
- 跟踪过程（处理异常问题、同步双方进度）。

冲突处理

冲突，传统上被视为破坏了团队的和谐与稳定。冲突其实是另一种有效的沟通方式，建设性处理冲突有时反而能实现共赢，成为团队高效的润滑剂。冲突有两种不同的性质，建设性冲突和破坏性冲突，其中，建设性冲突对团队建设和提高团队效率有积极的作用；破坏性冲突是指双方僵持不下，甚至爆发剧烈对抗，造成组织资源的浪费和破坏。表面冲突解决后，需要管理者挖掘背后的系统性原因，进行相应的制度变革。

冲突测量（量表见本书附录）与处理通常采用**托马斯－基尔曼冲突模型**（如图9-3所示）。该模型将冲突双方的心态划分成坚持（满足己方需求）和合作（满足对方需求）两个心态维度，将解决冲突的策略划分成5种：竞争、迁就、回避、合作和妥协/折中。

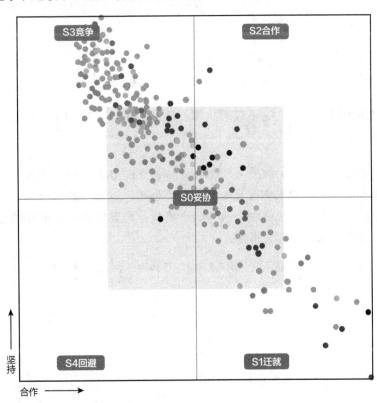

图9-3 托马斯-基尔曼冲突模型

有效沟通涉及表达、观察、倾听、提问、反馈的技巧，沟通的时间构成中，听占50%、问占25%、说占25%。沟通的典型流程是：事前准备、确认需求、阐述观点、处理异议、达成协议、共同实施。

[**强化学习**] 菲利普·津巴多，迈克尔·利佩. 态度改变与社会影响. [M]. 邓羽，肖莉，唐小艳，译. 北京：人民邮电出版社，2007.

> **学习笔记/评论**
>
> 学习本知识技能点后，对其等级评价：　　+赞☆☆☆☆☆　　分享/转发☆☆☆☆☆

管理负面情绪

将胡萝卜、鸡蛋和咖啡豆分别放进 3 口锅里煮 20 分钟。结果是胡萝卜由硬变软，鸡蛋由软变硬，咖啡豆变水、变香。

父亲问女儿："你是哪一个呢？是看似强大，但一遇到逆境和痛苦就会变得软弱、失去力量的胡萝卜；是有着温柔的心灵，但在经过生离死别的折磨之后就变硬的鸡蛋；还是因为开水而发生变化的咖啡豆？当水达到沸点的时候，咖啡的香味也最美。"

北京大学国家发展研究院 BiMBA 商学院院长陈春花教授认为：在压力最大的时候，如果你愿意像咖啡豆那样，和这个环境和压力组合在一起，你会得到最大的成就。

生活中，总有负面情绪失控的时候。这不仅解决不了问题，还让工作和生活更加糟糕。其实，负面情绪从来都不需要控制，而是需要管理。

诺贝尔经济学奖获得者理查德·泰勒教授（Richard Thaler）提出了"**快乐痛苦**"原则：如果你有几个好消息要公布，应该分开公布；如果你有几个坏消息要公布，应该一起公布。如果你有一个重要的坏消息和一个微不足道的好消息，应该分别公布这两个消息；如果你有一个重要的好消息和一个微不足道的坏消息，应该把这两个消息一起告诉别人。

（资料来源：脱不花. 关于如何管理负面情绪的清单. 微信公众号：罗辑思维. 2017 年 6 月 9 日.）

> **学习笔记/评论**
>
> 学习本知识技能点后，对其等级评价：　　+赞☆☆☆☆☆　　分享/转发☆☆☆☆☆

9.4 分享与评估

分享与交流

学习团队继续完成真实任务，提供任务单要求的文档，并利用"完成情况评估图"，由自我、同伴、教师（师傅）进行评估。之后，将对本单元知识技能的理解（可采用 ORID 法进行学习回顾）、访问任务单中企业的概况、工作任务的完成结果、学习过程反思等制作成 3~5 分钟的高清"**微视频**"，派代表在课中进行 6~8 分钟的分享交流，并由其他团队进行**同伴评价**。

完成情况评估

工作任务完成情况评估雷达图如图 9-4 所示。

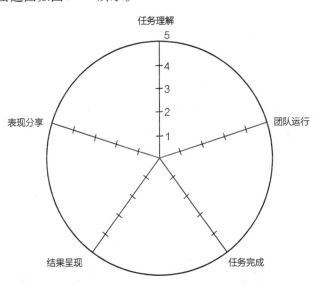

图 9-4　工作任务完成情况评估雷达图

注：从"任务理解、团队运行、任务完成、结果呈现、表现分享"五个维度，对本工作任务学习及完成情况，分别由自我、同伴、教师（师傅）进行评估，用颜色笔以 5 分制（分值越大越好）将评估结果绘制在图 9-4 中。

学习与反思

首先，与团队、个人学习目标进行逐一对比，以清单列表或思维导图，分解出已完成和未完成两部分；其次，用 3~5 个关键词描述自己团队在完成这项工作任务中未能解决的问题与所遇障碍；最后，对照最佳团队，归纳自己团队未完成部分的主要原因与对应责任，提交反思报告。

问题与障碍：

单元测验（建议在 30 分钟内完成）

问题：总结本单元学习的知识与技能，归纳提炼为 3~6 个关键词，并用这些关键词绘制本单元的知识地图/思维导图。（得分 1　2　3　4　5）

问题：假设你供职于重庆农村商业银行设置在解放碑的银行网点，尝试以现金业务经理身份，向上司汇报春节期间员工工作排班事宜，写出汇报或请示的提纲。（得分 1　2　3　4　5）

问题：拜访附近魅族专卖店，若你是店长，针对以下 4 个职业沟通场景列出你的沟通关键词和核心观点：新员工入职、下属要求加薪、员工辞职、离职员工要求回归。（得分 1　2　3　4　5）

9.5　拓展学习

做一个会讲故事的人，用故事打动别人

Dr. 魏说，一个好故事不仅仅让人沉浸在情节的幻想中，连带处理动作、视觉、听觉，甚至嗅觉的区域也会被激活。具体来说，一个好故事可以：

- 加深对知识的记忆和理解。
- 积极重塑大脑的思维。
- 帮助人类整理繁杂的信息。
- 预演现实生活中遇到的问题。

在脑科学家眼里,一个好故事要满足以下 4 个条件:

(1) 有因果:让孩子意识到因果故事链,培养逻辑能力。
(2) 有冲突:主人公设定一个目标,遇到各种阻碍,克服各种困难。
(3) 多样性:剧情要丰富多样,不单一。
(4) 多角色:通过故事能够探索他人思维的差异,培养社会情绪能力。

……

(资料来源:做一个会讲故事的人. 用故事打动别人. 微信公众号:得到.)

> **要求**:在网上搜索并仔细完整地阅读这篇文章,之后用 2~4 个关键词归纳作者所表达的核心意思,再用 5 分钟时间给我们讲一个好故事。

9.6 下一个工作任务

预学习"**第 10 章 打造高效团队**"。教师将课程数字化资源上传到选定的在线学习平台,要求学习者进入"真实工作任务"环节,与自己所在团队成员开始新的管理活动。

第 10 章　打造高效团队

任务单：重庆万达文化旅游城中华传统老字号主题商业街区项目运营管理

重庆万达文化旅游城项目位于重庆市沙坪坝区，占地 270 公顷，总建筑面积 550 万平方米，总投资 550 亿元。

重庆万达文化旅游城

任务： 你被任命为商业管理中心运营管理部中华传统老字号主题商业街区的项目组负责人后，被要求在 1 周内拟定团队用人、团队精神塑造方案。

10.1 真实任务练习

任务解析

团队对任务单中问题的理解：

教师对任务单中问题的理解：
你的任务是打造有效团队，能够带领这个团队完成投资重庆万达城项目的重庆万达城投资有限公司的预定目标。

预备知识与技能： 会使用思维导图、会使用阿里"钉钉"App、熟悉商业地产基本知识、会典型商业应用文写作。

新知识： 高效团队、团队生命周期、团队角色理论。

拟定学习目标

课程学习目标：
形成务实严谨的工作态度与良好的人际关系，使用数学或结构化逻辑思维分析与理解问题，文字组织条理清晰、表达流畅；能够完成团队组建、团队选人用人、团队冲突处理、团队精神塑造、团队士气提振。

个人学习目标：

编制团队工作（学习）计划

团队共同讨论制订完成本期工作任务的计划，并填写在表10-1中。

表 10-1　团队工作（学习）计划表

年　月　日— 年　月　日

周日	周一	周二	周三	周四	周五	周六
周日	周一	周二	周三	周四	周五	周六

完成情况初步评估

工作任务完成情况评估雷达图（范例）如图 10-1 所示。

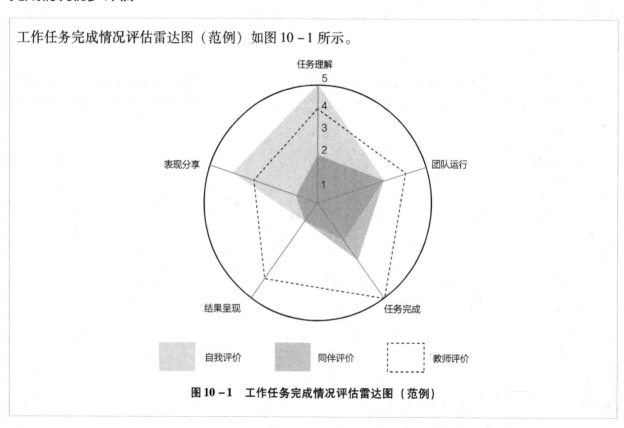

图 10-1　工作任务完成情况评估雷达图（范例）

工作任务完成情况评估雷达图如图10-2所示。

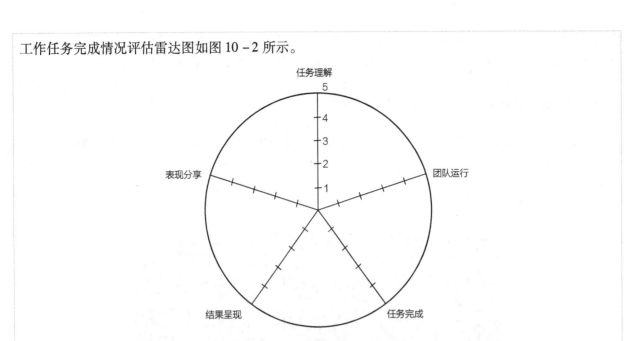

图10-2　工作任务完成情况评估雷达图

注：从"任务理解、团队运行、任务完成、结果呈现、表现分享"五个维度，对本工作任务学习及完成情况，分别由自我、同伴、教师（师傅）进行评估，用颜色笔以5分制（分值越大越好）将评估结果绘制在图10-2上。

10.2　破冰游戏

练习者从两米高处直体后倒，小组其他成员均分为两队，面对面站立，手拉手形成保护网，以便接住练习者。练习时为了保证安全，在手拉手形成的保护网下方仍需放置一块跳高用的厚海绵垫。（或随机选择一位同学讲一个不超过5分钟的好故事，请其他同学点评。）

10.3　新知识技能学习

  识别团队人际关系
  营造团队氛围
  处理团队冲突
  抑制"搭便车"现象
  塑造团队精神

大雁在飞行时都本能地呈"人"字形飞行，并定时交换左右位置，而后面的大雁借助前面大雁羽翼所产生的空气动力可以使飞行更省力，定时交换左右位置也能使另一侧的羽翼借助空气动力缓解疲劳。雁群组队齐飞的速度要比单独飞快22%，人字队形可以增加雁群70%的飞行范围。微软创始人比尔·盖茨说过：大的成功靠团队，个人只能取得小的成功。那么，团队是什么呢？

团队（Team）是由两人以上具有相互补充技能的人，基于共同价值观和目标而形成的行为共同体。高效团队（The High Performance Team）的表现是具有极强的**向心力、凝聚力、战斗力**，其中，向心力是指团队具有相同价值观或共同目标，凝聚力是指基于团队精神的归属感与成就感，战斗力是指团队拥有的资源数量、质量及其系统化整合水平，团队要能够实现 1+1>2 的协作与聚合效应。

人类为了生存和发展，需要有组织（有共同目标的人群集合体），这是因为组织具有潜在的优势。它能使个人所做不到的事变得可能；它能通过分工取长补短，从而取得比个人所能取得的效果之和大得多的整体效应；它能超越个人的生命而持续不断地发展。未来的组织趋势是：像水一样，灵活而有弹性，能够快速决策，以团队为运行单元。

旅游团队协作通过水上浮桥

识别团队人际关系

团队的形成与发展会经历成立期、磨合期（风暴期）、规范期、高效期（表现期）、转型期五个阶段。团队发展各阶段的管理策略也会有差异：成立期——**建立团队目标**、磨合期（风暴期）——**处理团队矛盾**、规范期——**建立团队标准**、高效期（表现期）——**高效高能运作**、转型期——**总结团队经验**。

团队在各个发展阶段的管理特征（转型期除外）如图10-3所示。

图 10-3　团队在各个发展阶段的管理特征（转型期除外）

团队就是个小社会，存在复杂的人际关系网络。就如《素书》所言：亲仁友直，所以扶颠（亲近仁义之人，结交正直之友，所以能立足于社会而不颠倒）。《素书》还说：危国无贤人，乱政无善人（行将灭亡的国家，绝不会有贤人辅政；陷于混乱的政治，绝不会有善人参与）。

如何识别和改进团队中的人际关系网？

方法：组织网络分析

1924年开始的"霍桑实验"极重要的发现是，正式的组织结构之外还存在非正式组织。正式组织是指运用权力、责任和目标来联结人群的集合，**非正式组织是指用情感、兴趣和爱好来联结人群的集合**。而非正式组织的共同利益才是决定生产效率最核心的东西，因为非正式组织更能够反映员工之间的关系和真实的工作状态。

澳大利亚家具工厂

如何才能让隐含的非正组织显现出来呢？

组织网络分析（Organizational Network Analytics，ONA）是一种全新的工具方法。通过绘制团队内的社会关系网络图（如图10-4所示），能够比较清晰地显示出团队中非正式组织（网络）的信息流与合作状态，这反映了团队内部的实质运作，为管理者提升组织效能提供了解决思路、路径。

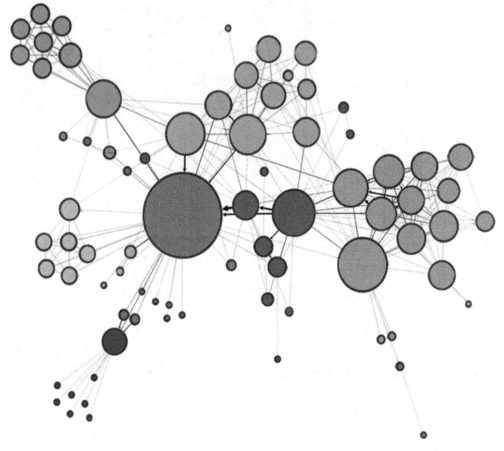

图10-4 社会关系网络图

注：图中每个圆圈代表团队中的一个人，相同灰度的圆圈表示这些人属于一个非正式组织，圆圈的大小反映这个人在其中的活跃程度和影响力大小，线条代表两个人之间存在联系，圆圈的连线越多，表示这个人在团队中越有影响力。

组织网络分析对组织效能的提升还体现在以下方面：

- 并购或变革后，促进组织的文化融合。
- 优化办公空间。
- 向新员工提供与其相同或相似岗位的组织网络图，加速他们融入组织。
- 基于组织网络分析及岗位要求，了解特定周期里不同员工发展网络关系的状况及特点，协助实施人员配置。
- 了解将离职或退休人员在组织网络中的关系网络，以制订相应知识技能留存及人员补充计划。

组织网络分析的基本流程如下：

1. 收集数据

    给每名员工做一次问卷调查或进行一次深度访谈，请员工列出在以下情境中与自己往来最多的两三个人，以此获得员工的社会关系数据。

    - 使命和前景　你和谁探讨公司前景和业务战略？你和谁探讨在你的公司中，什么最重要，最受重视？
    - 工作互动　你通常愿意选择和谁一起工作以完成任务？

- 言论传播　你和谁谈论在工作中发生的事情？
- 决策　在决策前，你向哪些人征求意见、寻求反馈？
- 创新　你和谁讨论工作能获得更好的创新思想和方法？

2. 列出人际关系列表

将收集来的数据整理成 Pajek 软件（大型复杂网络分析工具）能识别的格式 .net 文件。

3. 使用 Pajek 或 UCINET 或 Gephi 软件绘制社会关系网络图。

4. 分析社会关系网络图

从图 10-5 中团队成员的工作关系网络，我们可以发现 3 个有价值的信息。

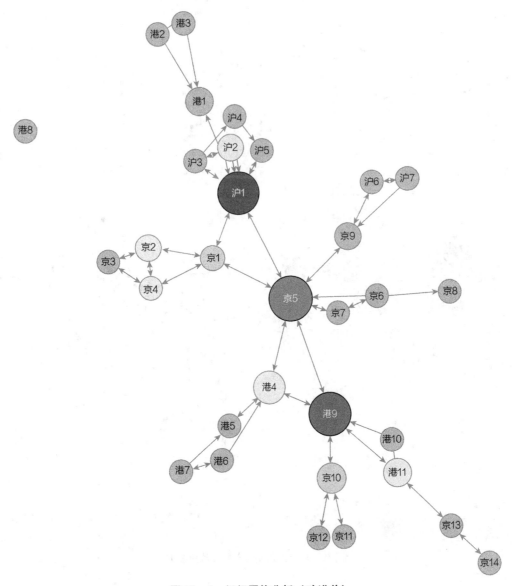

图 10-5　组织网络分析（改进前）

注：图中每个圆圈代表团队中的一个人，圆圈中的文字表示在工作地的员工编号，比如"京5"表示在北京工作的第 5 号员工，箭头线表示两名员工之间存在工作关系。

（资料来源：包燕. 如何运用组织网络分析提升组织效能. 环球人力资源智库.）

- 团队成员囿于各自部门、专业或地域"单打独斗"。
- 信息流的交点只出现在少数几人处,造成这些人负担过重,甚至成为瓶颈,一旦他们离开,将直接造成团队的溃散。
- 出现信息边缘点,即有些团队成员没有出现在信息流中,造成资源浪费。

5. 提出团队改进意见

基于以上发现,我们需要探讨"单打独斗"的成因及解决之道,然后,采取诸如召开意在提升团队成员熟悉度的定期见面会议,建立移动分享平台让成员了解各自的工作、专业并分享经验等针对性措施。

改进之后,团队的运作效能大幅提升。再次绘制社会关系网络,可见团队呈现出信息流动更为顺畅的状态。(如图10-6所示)

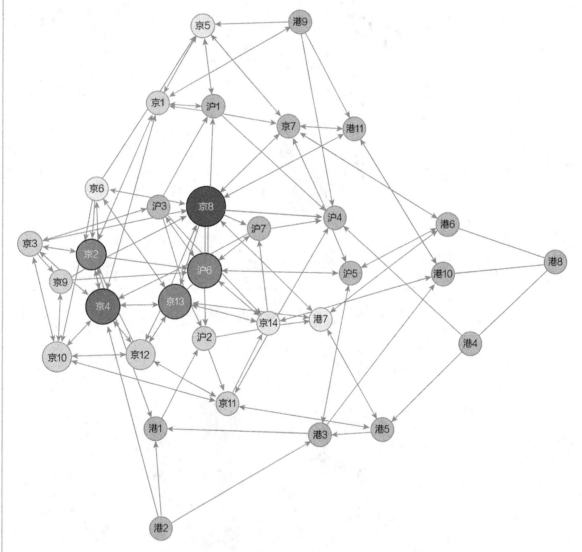

图10-6 组织网络分析(改进后)

最后,激励是形成高凝聚力与士气的有效措施,而用好人是最大的激励,具体包括:创造"饥渴"需求,给予追求美好的机会(正激励),施加增加苦痛的鞭策(负激励);特别注意树立灯塔效应,避免破窗效应。

> **学习笔记/评论**
>
> 学习本知识技能点后，对其等级评价： +赞☆☆☆☆☆ 分享/转发☆☆☆☆☆

营造团队氛围

这是团队时有发生的情境：

我是这件事情的受害者，我肯定没有责任——受害者心态；这件事情闹到现在这步田地，都是因为他，他是罪魁祸首——坏人主义；公司的大环境就这样，我能有什么办法，就这么凑合吧——无助者角色。

当这些情形发生时，人们会产生消极情绪，引发消极行为，带来消极的结果，却无助于问题的解决。那么，作为管理者，如何来调整团队氛围，防止团队陷入上述的恶性循环呢？

团队氛围（Team Climate）与组织氛围（Organizational Climate）是类似概念，指组织成员在组织中工作时的认知与感受，是组织成员对组织内部的一种知觉，即个人对客观工作环境的知觉。Hay（合益）集团的研究表明，良好的团队氛围不仅能提高人员的积极性，还可以将一线员工的绩效提升30%左右。

更好的组织气氛意味着团队成员：

- 更加忠诚于团队，相互协作。
- 更加灵活，具有创新性。
- 愿意设立更明确的、具有挑战性的目标。
- 关注绩效结果。

管理者对团队氛围具有最大的影响，因此，管理者了解自己所营造的组织氛围，下属对于他们的工作氛围如何影响其完成工作的看法，以及自己在多大程度上激励了下属，是提高整体绩效的重要步骤。组织氛围测评（Organizational Climate Survey，OCS）正是我们常用的工具。

根据哈佛大学心理学家乔治·A.利特文（George A. Litwin）和罗伯特·斯特林格（Robert Stringer）的研究成果，组织氛围从以下6个方面进行评估：

- 明确性：所有人都知道自己应当做什么。
- 标准（进取性）：设定具有挑战性的但是可以实现的目标。
- 责任：授予员工完成任务的权力。
- 适应性（灵活性）：没有不必要的规定、政策和规程。

- 奖励（激励性）：对绩效优秀的员工予以肯定和奖励。
- 团队承诺（凝聚性）：人员以自己是组织成员为荣。

组织氛围测评的实施流程如下（量表见本书附录部分的组织氛围调查问卷）：

（1）由管理者的直接下属完成组织氛围调查，管理者需要邀请一组直接下属（4~5人）来分别填写这份问卷。

（2）该问卷包括若干题目，对每一道题，下属都要回答两次，第一次是对工作环境的现状进行评估；第二次是描述员工期望的工作环境。

组织氛围测评结果图如图10-7所示。

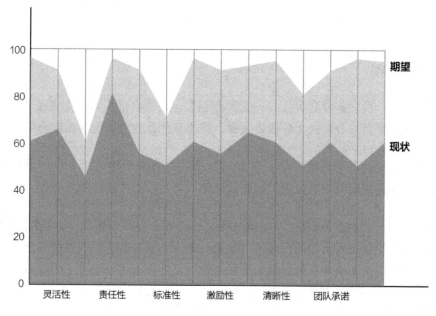

图10-7 组织氛围测评结果图

（3）进行领导风格测评。管理者邀请一组下属（4~5人）分别填写这份问卷，同时个人也要进行自评。

领导风格是管理者对下属进行管理时的言语或行为风格。哈佛大学的乔治·A. 利特文和罗伯特·斯特林格列出了6种典型的领导风格，每种风格均各有侧重，且能够最有效地推动团队绩效：

- 指令型：取得员工的直接服从。
- 愿景型：提供长期的愿景和领导力。
- 合作型：建立信任与和谐。
- 民主型：取得团队的一致并形成新的理念。
- 领头型：以身作则，完成高标准的任务。
- 教导型：强调员工的职业发展。

领导风格测评（Leadership Style Inventory，LSI）帮助管理者从被领导者的角度来了解自己的领导力，并告诉管理者，在他们的领导行为中需要做出哪些选择和调整。LSI在与OCS结合使用时特别有效，这能帮助管理者了解他们的领导行为产生的影响。

领导风格测评结果图如图 10-8 所示。

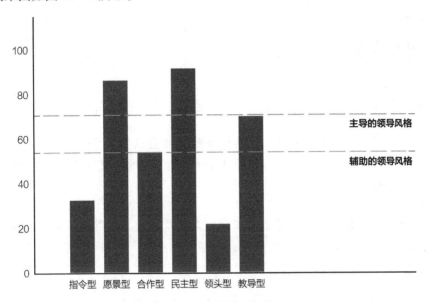

图 10-8 领导风格测评结果图

（4）管理者调整他们的领导行为，通过提升组织氛围来激励员工绩效产出。如图 10-9 所示。

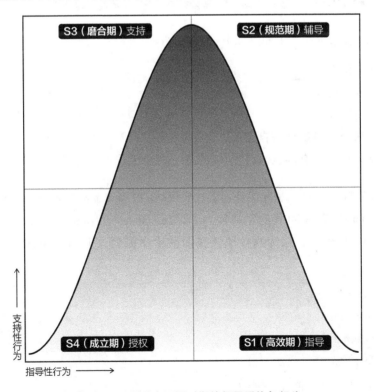

图 10-9 团队在不同时期的领导风格与行为

曾任华为技术有限公司人力资源主管的吕菡建议：

（1）管理者要时刻反省自己的状态，可以对照以下几点进行自我反省：

- 你有没有以身作则?
- 你有没有愿景,愿景是什么?
- 你有激情吗?
- 你的团队有士气吗?
- 你爱你的团队吗?

要用关爱去温暖员工,用智慧领导员工,用激情感染员工,用榜样引导员工。

(2) 加强员工关怀。员工之所以加入团队,是希望获得社会认同(Social Identification)、社会表现(Social Representation)的满足。社会认同是指个人被社会接纳、有归属感的需要;社会表现是指个人参与社会、体现个人价值的需要。

增加有趣的团队活动(比如,团队愿景发布会、头脑风暴会、素质拓展游戏、趣味运动会和家属参观日等)、适当提高工作要求、引入强仪式感的文化活动、举办庆功聚会等简单的措施,能够增进团队团结,实现"快乐工作"状态。

除了满足员工个性化的需求,让员工具备回馈社会的能力是更提倡的做法,因为分享可能比得到要更具幸福感。

[**强化学习**]宁向东的清华管理学课005讲. 涟漪效应:破不了的局. 得到App.

北京大学陈春花列出激活团队的5个原则如下:

- 有趣,简单的人际关系。
- 公开,对事不对人的沟通。
- 定期,无边界协同。
- 富有挑战性,每个成员都突破自己。
- 充满活力,主动热情并有创意。(拥有创意地去解决困难更容易激活团队。)

团队氛围的营造也是有个过程的。麦肯锡公司乔·R. 卡岑巴赫(Jon R. Katzenbach)和道格拉斯·K. 史密斯(Douglas K. Smith)在《团队的纪律》(The Discipline of Teams)中提出了"团队绩效曲线"(Team Performance Curve)模型,认为高效团队在**团队生命周期**(Team Maturity)中会经历5个阶段(5种状态)。

- 工作组(Working Group)。
- 伪团体(Pseudoteam)。
- 潜在团队(Potential Team)。
- 真正团队(Real Team)。
- 高绩效团队(High Performing Team)。

团队生命周期如图10-10所示。

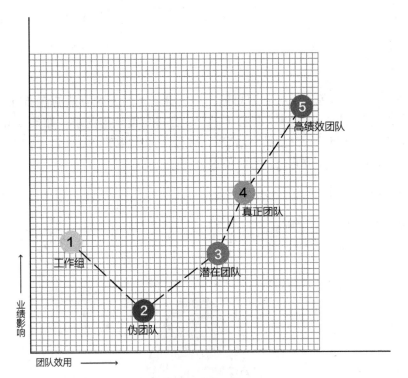

图 10-10 团队生命周期

[练习]

每个学习小组开展一次团队建设活动，要有针对性（针对团队的什么问题来开展）和创新性，将策划 PPT 和现场照片上传到教师指定的在线学习平台。

学习笔记/评论

学习本知识技能点后，对其等级评价： +赞☆☆☆☆☆　　分享/转发☆☆☆☆☆

处理团队冲突

高效团队的内部冲突是不可避免以及必须容忍的，冲突其实是另一种有效的沟通方式，正如通用汽车公司总裁史隆所言，"意见相左甚至冲突是必要的，也是非常受欢迎的事。如果没有意见纷争与冲突，组织就无法相互了解；没有理解，只会做出错误的决定。"冲突并不可怕，可以变得很有建设性，冲突可以达成内部和谐，碰撞提高决策质量，争执使内部团结。

［强化学习］如何管理有才华的刺头员工？知乎.

冲突水平与绩效的关系如图 10-11 所示。

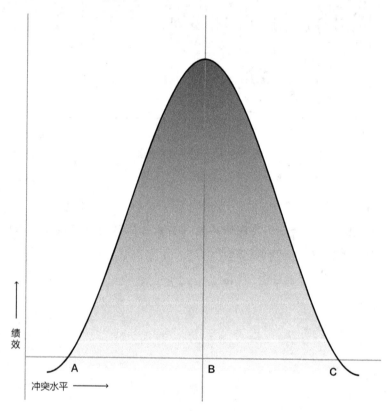

图 10-11　冲突水平与绩效的关系

注：A 表示低冲突时的团队绩效，B 表示适当冲突时的团队绩效，C 表示高冲突时的团队绩效，可见冲突过高或过低，团队的绩效都不高。

我们可以采用图 10-12 测量自己的冲突风格。具体操作是，将自己在"回避、竞争、包容、妥协和合作"每种情况下对应的数字标注于坐标上，这些数字总和等于 30，然后用线将点连接起来就是自己的冲突风格。

处理团队冲突的可能策略有，回避（静观）、竞争（坚持）、包容（顺应）、妥协和合作（双赢），其中，竞争（坚持），是通过牺牲对方需求以满足自己的需求或利用团队赋予的权力有效地处理来解决冲突；合作（双赢），是通过寻求对各方均有利、相互理解的解决方案来解决冲突；妥协，是通过冲突各方均做出利益让步来解决冲突。如图 10-13 所示。

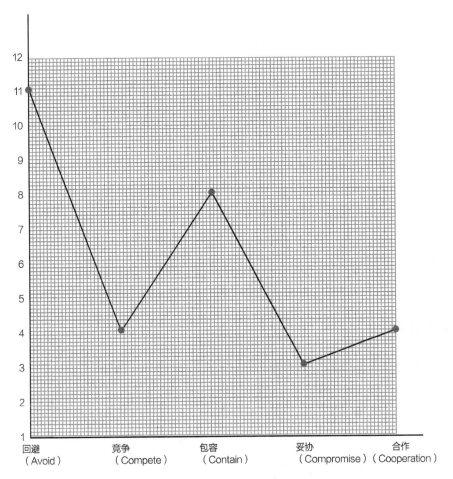

图 10-12　冲突风格测量图

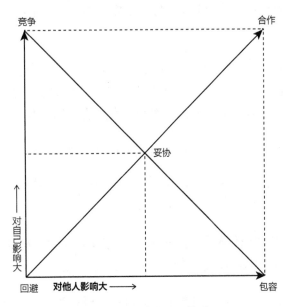

图 10-13　冲突处理策略

通过非正式组织、非正式沟通渠道传播的负面信息（通常所谓的谣言），会导致团队冲突的形成或加剧，因此，管理者必须营造正能量的工作氛围，疏通正式沟通渠道、控制负面信息传播，降低团队冲突发生或升级的可能。

> **学习笔记/评论**
>
> 学习本知识技能点后，对其等级评价： +赞☆☆☆☆☆　分享/转发☆☆☆☆☆

抑制"搭便车"现象

法国农业工程学教授马克西米利安·林格曼（Maximilien Ringelmann）曾设计了一个"拉绳试验"，他把被试者分成一人组、二人组、三人组和八人组。结果，二人组的拉力只是单独拉绳时二人拉力总和的95%，三人组的拉力只是单独拉绳时三人拉力总和的85%，而八人组的拉力则降到单独拉绳时八人拉力总和的49%。他由此发现了"林格曼效应"，即群体规模与群体成员个人对完成任务的贡献程度之间存在着相反的关系。

这让我们明白，团队成员在整个团队中，并不是我们想象的那样，每个人都会付出极大的努力，这其中的**"搭便车"问题**（Free-Rider Problem）与**社会惰化行为**（Social Loafing）是团队自身面临的发展挑战。

"搭便车"问题，是指在团队中，由于成员的个人贡献与所得报酬没有明确的对应关系，或者由于激励措施不利而造成成员有减少自己的成本支出而坐享他人劳动成果的机会主义倾向。社会惰化行为，是指团队成员在从事趋向共同目标活动中的努力程度和平均贡献随着群体成员增加而减少的倾向。

团队产生"搭便车"问题与社会惰化行为的原因可能来自以下这些方面：

（1）**"个人绩效"被弱化**　因为团队绩效表现为团队成员共同努力的结果，单个成员的绩效常常无法被准确度量，激励无法精确兑现到每个成员的行为。

（2）**个体成长阻力**　成员的成功由团队绩效所决定，个人的目标升华为团队的利益，想成为团队的核心成员，要把个人目标和组织目标合二为一。

（3）**成员多元化导致团队冲突**　存在价值观差异的人群中，极易产生人际冲突，从而影响合作的绩效。

抑制团队"搭便车"问题的措施如下：

- 建立有效的绩效考核机制。
- 通过进入退出机制动态控制团队规模。

- 合理设置团队目标。
- 建立和谐的团队文化。

上述措施可以改善团队成员的激励状态，进而完善团队的整体管理机制，提高团队的运作效率。

学习笔记/评论

学习本知识技能点后，对其等级评价：　＋赞☆☆☆☆☆　　分享/转发☆☆☆☆☆

塑造团队精神

师道人本教育集团董事长侯志奎在其著作《一个组织的哲学》中表示，**存在最久远的组织是宗教团体**（靠信仰），**最团结的组织是家庭**（靠情感），**最有战斗力的组织是军队**（靠规则），而最有持续学习发展能力的组织就是学校（靠知识）。

[强化学习] 南勇. 给你一个公司看你怎么管：全3册 [M]. 长沙：湖南文艺出版社，2013.

军队靠铁的制度来克服人的惰性；家庭的引力核心是情感的归宿和呵护，也就是相互承担责任的氛围；而宗教信仰，就是相信自己暂时还看不见的东西是存在的，是可以达到的。团队需要靠什么来凝聚？那就是精神的力量。

团队精神是否有效，直接体现在团队凝聚力与士气上面。凝聚力表现为团队对成员的吸引力和成员对团队的向心力，士气是团队成员在工作中的情绪状态。

始终围绕"员工为什么要加入团队？"这个问题，通过信任感、互助感、成就感、自豪感、归属感来提升个体需求的满足感。

那么，团队精神如何在团队落地呢？

（1）**界定**　让公司管理层和员工共同交流，形成一种大家达成共识的团队精神。

（2）**带动**　管理者通过日常以身作则的工作来展现团队精神。

（3）**传播**　把团队好的故事和倡导的文化形成文字、视频内容用于传播。

（4）**强化**　通过制度流程、招聘、绩效考核和培训等，让团队精神融入员工日常行为。

[练习]

"一支部队也是有气质和性格的,而这种气质和性格是和首任的军事主管有关。他的性格强悍,这支部队就强悍,部队就有了灵魂,从此,无论这支部队换了多少茬人,它的灵魂仍在。"观赏电视剧《亮剑》《士兵突击》片段,绘图说明"亮剑"精神怎么形成的。

学习笔记/评论

学习本知识技能点后,对其等级评价: +赞☆☆☆☆☆ 分享/转发☆☆☆☆☆

10.4 分享与评估

分享与交流

学习团队继续完成真实任务,提供任务单所要求的文档,并利用"完成情况评估图",分别由自我、同伴、教师(师傅)进行评估。之后,将对本单元知识技能的理解(可采用ORID法进行学习回顾)、访问任务单中企业的概况、工作任务的完成结果、学习过程反思等制作成3~5分钟的高清"**微视频**",派代表在课上进行6~8分钟的分享交流,并由其他团队进行**同伴评价**。

完成情况评估

工作任务完成情况评估雷达图如图10-14所示。

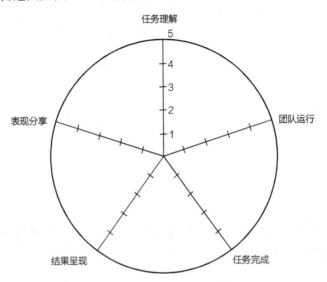

图10-14 工作任务完成情况评估雷达图

注：从"任务理解、团队运行、任务完成、结果呈现、表现分享"五个维度，对本工作任务学习及完成情况，分别由自我、同伴、教师（师傅）进行评估，用颜色笔以5分制（分值越大越好）将评估结果绘制在图10-14中。

学习反思

首先，与团队、个人学习目标进行逐一对比，以清单列表或思维导图，分解出已完成和未完成两部分；其次，用3~5个关键词描述自己团队在完成这项工作任务的过程中未能解决的问题与所遇障碍；最后，对照最佳团队，归纳自己团队未完成部分的主要原因与对应责任，提交反思报告。

问题与障碍：

单元测验（建议在 30 分钟内完成）

问题：总结本单元学习的知识与技能，归纳提炼为 3~6 个关键词，并用这些关键词绘制本单元的知识地图/思维导图。（得分 1　2　3　4　5）

问题：寻找你身边的**大雁团队**（团结协作）、**野牛团队**（各自为政）和**螃蟹团队**（相互内耗），用图文方式给他们画像。（得分 1　2　3　4　5）

问题：点菜既是生活，又关乎人情；既领略了中国传统的雅致生活，又读懂了世故人情。事实上，饭局上那个会点菜的人，千万不能小看。

某次随老板外出开会，跟去的几个人全是业务精英。晚上吃饭时，全都推脱，不肯点菜，老板不悦，说如果某主任在就好了。

大家都知道原因——那个主任特别会点菜。

我回去将这事告诉老公，他说："点菜也是门学问，不能小觑。尤其是商务宴请，学问可大了。"

"比如点菜过程要快，不要点了很久都没有定。菜的口味要询问下客人是否喜欢，一般主菜要比客人人数多一个到两个，特别油腻的菜点一个就可以了，荤素搭配、口味搭配都是很有讲究的事。

"点完菜还要点酒水，点啤酒还是红酒也是要看场合的。如果客人开车，不能喝酒，那就要斟酌是点果汁还是茶水。点酒水的学问也大了，如果点不好，你这顿饭可能就白请了。

"最后你还要点主食吧？南方人和北方人喜好不一样，吃面还是米饭？有时候如果吃饭时间紧张，就不能点费时间的菜。"

我听了一怔："这里面是学问大，但我可没工夫研究这个。"

老公笑笑说道："之前有个同事，业务上也不是特别出色，但是老板请客都少不了他。为什么？他就是会点菜，还能喝几杯，讲些段子，善于把尴尬的场面搞得热热闹闹。"

"对于现在的企业而言，生存和发展都很艰难。老板要处理各种麻烦事，要应付各色人等，就需要有人会点菜，能妥善安排重要活动中的各项细节。所以，别以为点菜就是点个菜，这里面体现了一个人的情商，把所有人都照顾周到，还能把气氛带动起来，这可不是谁都能干的事儿。"

后来，我虽然还是不会点菜，但开始尊敬起那些有点菜专长的人。如老公所说，他们不但要懂吃，更要懂人，其实都是高情商的人才。

看一个人是什么样的人，有一些快捷方式。比如点菜。你以为点菜是吃货的自然属性？不！只要是吃饭人数在两人以上的饭局，就是一种社会性活动。那么，点菜就是一场"食商"与情商的双重大考验。

这不是什么厚黑学，耍心机，因为最后你会发现，自己简简单单的一个行为，就能让一桌子的人吃得香，聊得欢，是很有成就感的一件事。而你也将享受到大家对你的喜欢，作为回报。

（资料来源：微信公众号. 新华每日电讯.）

将你的点菜经历与上述情况比较，以左右对比表的形式列出。（得分 1 2 3 4 5）

10.5 拓展学习

公司不是一个家

组织的属性决定了组织自身有着自己的特点,作为一个需要对目标和效率做出承诺的人的集合体,我们需要还原组织的特性。

在现实的管理当中,我们的管理一直存在一个非常错误的观点,认为公司就是一个家。一直以来,很多管理者认为需要成为"父母官",很多人都认为"应该以公司为家",但是这些观点其实是非常不对的。

公司到底应该是什么样的状态?我们还是需要回归到组织本身的属性上。

当一个人与组织联结的时候,对于这个个体来说,如何理解组织和个人的关系就变得非常重要。当我们说"公司不是一个家"的时候,就表明组织不会照顾个人,也就意味着在组织中我们是用目标、责任、权力来联结,而不是用情感来联结的。

……

(资料来源:陈春花. 公司不是一个家. 今日头条:春暖花开号.)

> **要求**:在网上搜索并仔细完整地阅读这篇文章,之后用2~4个关键词归纳作者所表达的核心意思,再用图或表描述这篇文章与本章所学的哪些知识是相关的。

10.6 下一个工作任务

预学习"**第11章 绩效考核**"。教师将课程数字化资源上传到选定的在线学习平台,要求学习者进入"真实工作任务"环节,与自己所在团队成员开始新的管理活动。

第 4 部分 控制

第 11 章　绩效考核 // 184

第 12 章　绩效改进 // 207

第 11 章　绩效考核

箴言：激情永远是来源于自己，不是别人的鼓励。

任务单：中国银联"云闪付"产品市场拓展绩效管理

2017年12月11日，中国银行卡联合组织（简称"中国银联"）发布银行业统一App"云闪付"，致力成为消费者省钱省心的移动支付管家。

"云闪付"App是在中国人民银行的指导下，由各家商业银行与银联共同开发建设、共同维护运营，汇聚产业各方之力的移动支付统一入口平台，消费者通过这一App即可绑定和管理各类银行账户，并使用各家银行的移动支付服务及优惠权益。"云闪付"App操作界面如图11-1所示。

图11-1　中国银联"云闪付"操作界面

任务：你被银行选作"云闪付"重庆市大学城市场经理，要求你组成团队负责开拓重庆市大学城市场，在两周内制订出本年度的绩效考核方案及其核心指标。

11.1 真实任务练习

任务解析

> **团队对任务单中问题的理解：**
>
>
>
> **教师对任务单中问题的理解：**
> 做"云闪付"App 产品的市场推广，这是个双边市场，而且支付宝与微信支付已占据九成以上市场份额，需要补贴、免费等方式吸引商户接入和支持"云闪付"功能，此项任务结果是设计关键绩效指标 KPI、编制绩效计划（文档）。
>
> **预备知识与技能：** 会使用思维导图，会使用阿里"钉钉"App，了解银行卡基本知识，会典型商业应用文写作。
>
> **新知识：** 绩效管理、关键绩效指标（KPI）、个人业绩承诺法（PBC）。

拟定学习目标

> **课程学习目标：**
> 形成务实严谨的工作态度与良好的人际关系，使用数学或结构化逻辑思维分析与理解问题，文字组织条理清晰、表达流畅；能够制订绩效计划，能够进行绩效沟通与辅导、绩效考核与反馈。
>
> **个人学习目标：**

编制团队工作（学习）计划

团队共同讨论制订完成本期工作任务的计划，并填写在表 11-1 中。

表 11-1 团队工作（学习）计划表

年 月 日— 年 月 日

周日	周一	周二	周三	周四	周五	周六
周日	周一	周二	周三	周四	周五	周六

完成情况初步评估

工作任务完成情况评估雷达图（范例）如图 11-2 所示。

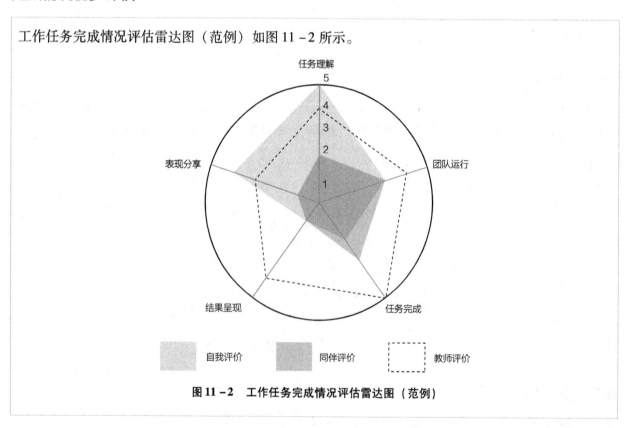

图 11-2　工作任务完成情况评估雷达图（范例）

工作任务完成情况评估雷达图如图 11-3 所示。

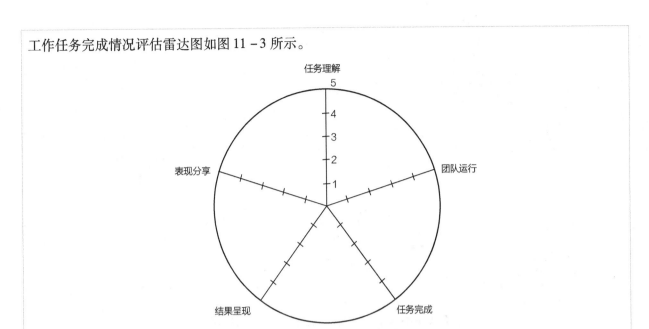

图 11-3　工作任务完成情况评估雷达图

注：从"任务理解、团队运行、任务完成、结果呈现、表现分享"五个维度，对本工作任务学习及完成情况，分别由自我、同伴、教师（师傅）进行评估，用颜色笔以 5 分制（分值越大越好）将评估结果绘制在图 11-3 上。

11.2　破冰游戏

将彩色塑料圆环随机相邻并一字排列在地上，以学习小组为单位，每位同学双脚跳进相同颜色的两个圆环，依次跳跃直到末端，比较每个小组的完成速度和规范。（或者随机选择一位同学讲一个不超过 5 分钟的故事，请其他同学点评。）

11.3　新知识技能学习

　　制订绩效计划
　　绩效沟通与辅导
　　绩效考核与反馈
　　绩效诊断与改进

目标通过管理者的计划、组织、领导等活动进行落实，所达成的结果就是"绩效"（Performance），"绩"是指成绩，"效"是指效果，综合起来可以理解为员工行为对目标达成的贡献度。由于未来的不确定性，员工实际表现与所承担的目标之间可能存在偏离，这需要在员工行为过程中引入**控制**职能加以解决。

计划（上部）与实际（下部）的差异如图 11-4 所示。

图 11-4 计划（上部）与实际（下部）的差异

控制（Control）可以理解为监督、评价和修正目标/计划的实施过程，通过预防风险、纠正偏差，确保目标实现。绩效管理是被视为有效控制的经典方法，而**绩效考核**是绩效管理的核心内容。

> **理论：绩效管理**
>
> 绩效管理（Performance Management）的目的在于改善绩效、沟通期望、激励发展，并使员工表现差异显性化，形成不同的激励结果，从而引导达成目标。
>
> 绩效管理关键概念发展历程如图 11-5 所示。
>
>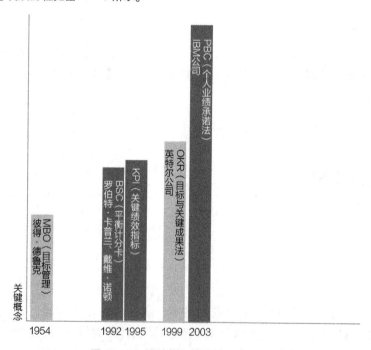
>
> 图 11-5 绩效管理关键概念发展历程
>
> 绩效管理的前提条件是工作流程（Work-flow）、工作分析（Job-analysis）、组织结构（Organizational Structures）等工作已经完成，若这些基础条件未建立好，先从完善这些基本条件着手。

绩效管理的基本流程如图11-6所示。

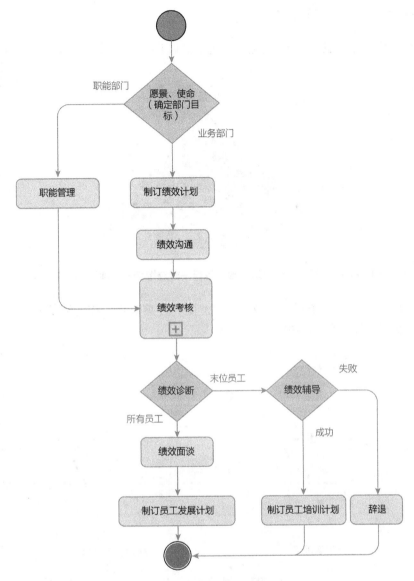

图11-6 绩效管理基本流程

绩效管理是基于PDCA循环理念来开展工作的，包括以下四大流程：

(1) 制订绩效计划（P），确定关键绩效指标。
(2) 绩效沟通与辅导（D），保证绩效管理过程的有效性。
(3) 绩效考核与反馈（C），对此绩效周期的成果进行检验和反馈。
(4) 绩效诊断与改进（A），总结提高并进入下一个绩效周期的循环。

制订绩效计划

绩效管理循环的起点是绩效计划，是考核者与被考核者在考核周期开始之前，就后者应实现的工作绩效进行沟通，并将沟通的结果落实为绩效目标的过程。

(1) 正确解读组织的目标并将之分解到部门和相关员工。通常采用平衡计分卡（BSC）、目标与关键成果法和个人业绩承诺法（PBC）等制定目标，采用鱼骨图分析法和九宫图分析法为每个员工分解/

分配具体目标,以及被分配的特别项目或任务。

[**强化学习**] OKR 专题. 明道博客.

从组织的总体目标开始,按照组织结构自上而下的顺序,依次建立各级的目标和被分配的任务。如图 11-7 所示。

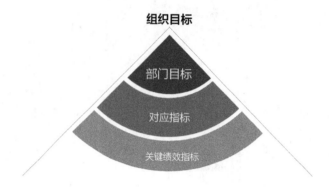

图 11-7　组织目标分解(部门目标—对应指标—关键绩效指标)

(2) 界定员工的岗位职责,依据是职责明确、权限清楚、标准确定、描述清楚的职位说明书,如果没有,必须先为员工制定职位说明书。

KPI 形成流程如图 11-8 所示。

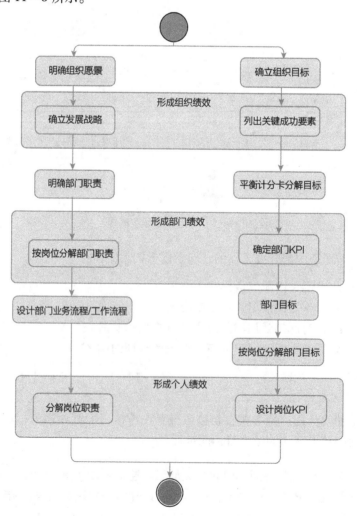

图 11-8　KPI 形成流程

（3）制定员工的关键绩效指标（Key Performance Indicator，KPI），包括业绩类和行为类（价值观类）。通常使用排除法从"年度目标分解、岗位职责关键点、工作流程"三个方面抽取和筛选关键绩效指标（建议最多不超过5项），而且这些指标应符合SMART原则。

KPI来源于意大利经济学家帕累托提出的80/20法则，即企业在价值创造过程中，80%的工作任务是由20%的关键行为完成的。对绩效工作的考核，主要精力要放在关键指标和关键过程上，抓住20%的关键指标。

KPI指标选择如图11-9所示。

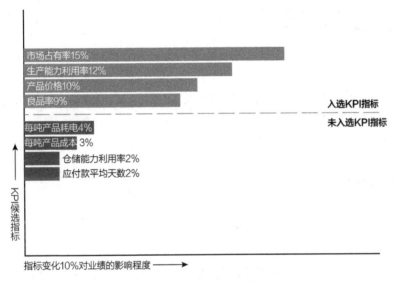

图11-9　KPI指标选择

（4）设定评价标准　**绩效指标**指的是从哪些方面来对工作进行衡量或评价绩效；而**绩效标准**指的是在各个绩效指标上分别应该达到什么样的水平（目标值）。指标解决的是评价者需要评价"什么"的问题，标准解决的是要求被评价者做得"怎样"、完成"多少"的问题。

- 指标名称。
- 设置目的。
- 指标定义（及权重）。
- 计算公式/计分方法。
- 数据来源。
- 测量对象。
- 统计部门/统计人。
- 计量单位。
- 统计周期。

（5）审核关键绩效指标　按照SMART原则，确认这些关键绩效指标是否能够全面、客观地反映被评价对象的工作绩效以及是否适合于评价操作。

上述过程是一个利益诉求动态调整的过程，在开始制定关键绩效指标的时候，管理者就要让员工参与进来，不断与员工沟通，倾听员工的感受与想法，征求员工的意见，将各项关键绩效指标以及标准的确定告知员工，听取员工的意见，在多次的沟通中，双方逐渐达成共识，直至最后双方签字确认。

方法：个人业绩承诺法

个人业绩承诺法（Personal Business Commitments，PBC）是紧紧围绕"业务"进行考核的绩效管理工具，由美国 IBM 公司率先实施并发展起来，后被华为技术有限公司等国内企业引入。

可以这样理解 PBC：相当于员工签订了一个绩效合同，或者立下了一个"军令状"。这需要员工与其直属上司共同商讨制定，不是简单的任务分解和对上级命令的执行。PBC 可以使个人规划与组织目标相融合，从而让个人承诺"我知道我要做什么""明白我应该如何做"。

PBC 中的承诺分为三类：
- 业务目标（Business Goal）。
- 管理目标（Management Goal）。
- 发展目标（Development Goal）。

1. 业务目标

业务目标分为关键绩效指标和关键任务指标，前者是常规性结果指标，后者是动态性过程指标，是对关键绩效指标的补充和完善，其设置依据为：
- 企业发展战略。
- 上司的目标。
- 职位说明书中的工作职责。
- 阶段性重点工作。

2. 管理目标

管理目标是反映管理人员有效领导员工的目标，注重对周边工作伙伴、流程上下游及上级的支持与配合，其设置依据为：
- 业务目标对团队的要求。
- 有效团队的行为表现。
- 岗位胜任能力的要求（领导力模型）。

3. 发展目标

发展目标是增强实现业务目标和管理目标的能力，同时实现个体职业发展规划或其他发展要求的目标，其设置依据为：
- 职业发展规划。
- 能力胜任评估结果。
- 以往绩效考核结果。

实施流程如下：

以承诺为核心形成 PDCA 闭环的管理循环，主要环节包括：个人业绩承诺——绩效辅导——绩效评估——绩效回顾与结果应用。

其中，每月一次的绩效评估结果通常分为四级（可自定义等级数），可以折算为系数用于绩效奖励的发放等用途，每个等级的人数比例由管理者自主划分：

A—PBC1：优秀（结果超出个人业绩承诺的目标）。
B—PBC2：达标（结果符合个人业绩承诺的目标）。
C—PBC3：改进（个人业绩承诺的部分目标未完成）。
D—PBC4：较差（远远落后于个人业绩承诺的目标）。

PBC 的实施流程如图 11-10 所示。

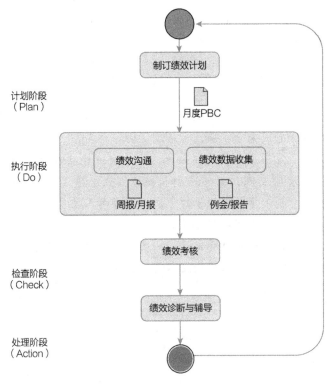

图 11-10 PBC 的实施流程

此外，还可以建立多维度的绩效等级划分及应用的模型，比如，将员工的绩效等级与能力/潜力水平结合，形成能够更为精确地衡量员工现在和将来表现的二维分类。如图 11-11 所示。

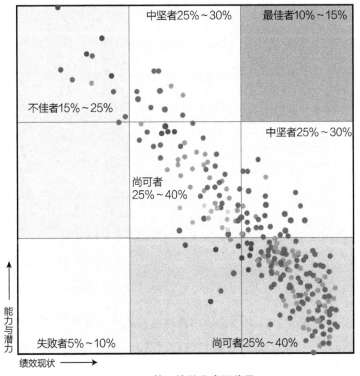

图 11-11 基于绩效分类评价员工

注：绩效等级分布采用 3 级，能力与潜力也采用 3 级，将员工划分为 9 类，以此作为员工未来发展计划的制订依据。

PBC 更适合"岗位职责与工作目标"很明确的场景：具体来说就是，管理者对于要什么很明确、战略目标相对清晰；管理层有能力帮助员工分解"承诺"目标；员工很清楚通过什么途径实现自己的承诺目标；承诺目标可量化；具备承诺目标的配套考核机制。

[练习]

从前有一座山，山上有座小庙。有一天，庙里来了个小和尚。他每天挑水、念经、敲木鱼，给菩萨案桌上的水瓶添水，夜里不让老鼠来偷东西，生活过得安稳自在。

不久，庙里又来了个瘦和尚。他一来就喝掉半缸水。小和尚叫他去挑水，瘦和尚最初去挑水了，但是后来他看到小和尚在庙里清闲自在，心想一个人去挑水太吃亏了，便要小和尚和他一起去抬水。两个人只能抬一桶水，而且水桶必须放在担子的中央，这样两人才能心安理得。这样总算还有水喝，但两人的关系却僵化了。后来，又来了个胖和尚，他也想喝水，但缸里没水。小和尚和瘦和尚叫他自己去挑，胖和尚挑来一担水，立刻独自喝光了。从此谁也不挑水，三个和尚就没水喝了。

请你为每个和尚制定一组关键绩效指标来解决没水喝的问题。

学习笔记/评论

学习本知识技能点后，对其等级评价：　　+赞☆☆☆☆☆　　分享/转发☆☆☆☆☆

绩效沟通与辅导

关键绩效指标（KPI）确定以后，管理者应扮演**辅导员**和**教练员**的角色，以**指导者**和**帮助者**的姿态与员工保持持续不断的双向沟通，对员工进行有针对性的辅导，帮助员工理清工作思路，授予与工作职责相当的权限，提供必要的资源支持，提供恰当（针对员工的绩效薄弱环节）的培训机会，提高员工的技能水平，进而保证员工的绩效目标得以达成和超越。

比较图 11-12 中的两种反馈方式，我们可以清晰地发现，上司是否给予员工恰当的、持续的绩效辅导，与员工的主观能动性和生产力呈正相关，绩效结果也将出现显著的差异。

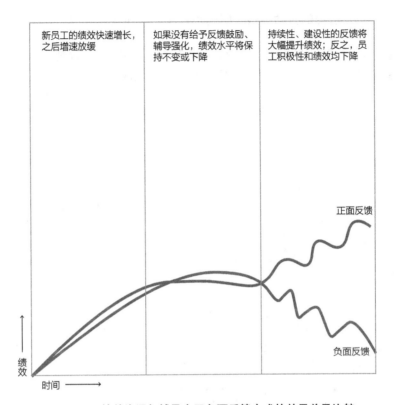

图 11-12　绩效沟通与辅导中正负面反馈方式的效果差异比较

其中，**绩效辅导**（Performance Coaching）是辅导员工共同达成目标/计划的过程，可分为工作辅导和月报。其中，**工作辅导包括：**

- **具体指示**，对于完成工作所需知识及能力较缺乏的部门，需要给予较具体的指示型的指导，帮助其把要完成的工作分解为具体的步骤，并跟踪完成情况。
- **方向引导**，指对于具有完成工作的相关知识和技能，但是遇到困难或问题的部门，需要给予方向性的指引。
- **鼓励促进**，对具有较完善的知识和专业化技能，而且任务完成顺利的部门，应该给予鼓励和继续改进的建议。

绩效辅导常采用绩效面谈形式进行，并形成绩效面谈记录表（见表 11-2）。基于动态绩效管理思想的对话可能包括三个维度的问题：

- **理性**（Intellectual）：为什么我需要做这个？
- **感性**（Emotional）：这值得我做吗？
- **实用性**（Practical）：我打算怎样实现它？

　　[**强化学习**]　费迪南德·F. 佛尼斯. 绩效教练：获得最佳绩效的教练方法与模型（修订本）[M]. 吴忠岫，译. 北京：电子工业出版社，2014.

绩效辅导可基于这样的逻辑流程：

（1）**目标**（Goal）：帮助员工明确做事情的目标，要做什么，达成什么程度，在什么时间内完成。

(2) 事实（Reality）：对现实情况进行分析，以明确可能性及障碍。

(3) 选择（Options）：可供选择的行动步骤，明确每一步怎么开展。

(4) 决心（Will）：引导和帮助员工发展具体的绩效改善计划，明确要做何事（What）、何时做（When）、由谁（Who）来做，以及做这件事的决心（Will）。

表 11-2 绩效面谈记录表

姓　　名：		岗　　位：	
面谈负责人：		面谈日期：	
面谈分类	□员工异动面谈	□冲突面谈	□升级面谈
事件描述：			
面谈内容及评价：（签名）			
是否需要二次面谈	□是	□否	
面谈结果：（签名）			

绩效沟通与辅导的具体流程如下：

(1) 就座与开场白。
(2) 说明目的。
(3) 告知员工问题。
(4) 员工陈述意见。
(5) 沟通双方意见。
(6) 寻找解决对策。
(7) 拟订员工发展、改善计划。
(8) 确认辅导结果。

在绩效沟通与辅导阶段，我们所要做的一件重要也是经常被忽视的事情就是观察和记录员工的绩效表现，形成**员工绩效档案**。这是为了以后考核时避免口说无凭的尴尬，为了使绩效考核的结果更加公平、公正，更加具有说服力。管理者应花一些时间和精力，记录好员工的绩效表现，为绩效考核提供可以追溯的事实依据。

记录员工的绩效表现主要以记录**关键事件**为主，即对员工绩效结果产生重大影响的事件。关键事件根据性质又可以分为积极的关键事件和消极的关键事件。所以，在实施阶段，管理者除了要扮演辅导员与教练员的角色，更要扮演记录员的角色。员工绩效档案记录表见表11-3。

表11-3　××岗位××年××月员工绩效档案记录表

被考核人：			考核人：			
序号	考核事项/指标	工作要求	评分标准	绩效行为记录	预评分	备注
1						
2						
3						
合计						

学习笔记/评论

学习本知识技能点后，对其等级评价：　+赞☆☆☆☆☆　分享/转发☆☆☆☆☆

绩效考核与反馈

只有被考核的绩效目标才会被员工重视，只有与奖惩挂钩的考核才会对员工有激励。在绩效周期结束的时候，依据预先制定好的关键绩效指标，管理者对下属的绩效目标的完成情况进行考核。绩效考核的依据就是绩效计划阶段的关键绩效指标和绩效沟通辅导过程中所记录的员工业绩档案。

开展考核工作需要编制绩效考核实施细则，主要包含以下内容：

(1) 考核目的（员工发展计划、人力资源决策）。

(2) 考核对象（全体员工）。

(3) 考核周期（一般为季度）。

(4) 考核依据（上级和下级签订的绩效计划，面向结果或面向行为）。

(5) 考核方式（明确绩效考核关系树，主要对谁负责，就由谁负责考核）。

(6) 考核结果（绩效顺序排列、确定绩效等级等强制分类）和绩效奖金挂钩。

(7) 申诉规定。

(8) 其他。

其中，绩效考核的难点在于及时准确地获得员工行为表现数据（非量化的非业绩类绩效指标），通常采用主观评价，比如**全视角考核法**和**关键事件法**，但客观和公平是要特别关注的。

全视角考核法（又称360度考核法），即上级、同事、下属、自己和顾客对被考核者进行考核的一种考核方法，具体的数据包括，下属自我评估的绩效笔记，以及上司形成绩效档案，比如工作日报、周报与月报等。通过这种多维度的评价，综合不同评价者的意见，则可以得出一个全面、公正的评价。

"关键事件"是指那些会对部门的整体工作绩效产生积极或消极的重要影响的事件，考核者在平时要注意收集被考核者的"关键事件"，对这些表现要形成书面记录，根据这些书面记录进行整理和分析，最终形成考核结果。

特别要注意可操作性和简便性。试想一下，如果员工每天需要拿出一个小时的时间来记录、整理各类数据，月末还要拿出时间来统计数据的话，将会是怎样一种情形？估计多数员工都会暴跳如雷，效果得不到保证。

> **方法：德勤重构绩效管理**
>
> 世界四大会计师事务所之一的德勤（Deloitte）在研究中发现，传统绩效管理存在明显的问题：耗时巨大而没有推动绩效改善、主观评分与实际偏差较大、优秀团队成员动力源于使命感而非绩效考核。因此，德勤认为绩效管理应关注四个关键理念和行为：从关注过去（结果）到关注未来（行为）、从聚焦管理（考核）到聚焦绩效（改善）、从重视控制到重视情境（文化）、从秋后算账（分等排序）到即时沟通（辅导）。
>
> 德勤重构绩效评估，以化繁为简的绩效管理工具，收集可靠绩效数据，来满足三个要求：能够通过差异化的奖金来肯定员工的绩效，克服特殊评分者效应（与被评者相比，打分更能揭示评分者的信息）以及精简传统评估、项目打分、共识会议和最终评分流程来清晰衡量每名员工的表现，有效激励员工的行为表现。
>
> 德勤建议放弃期末强制排名（Forced Ranking），改用突出即时沟通要求的**绩效快照**（Performance Snapshot）及**每周报到**（Weekly Check-in）等做法。
>
> **1. 绩效快照**
>
> 绩效快照是让直接上司（比如，最了解被评分者的班组长）**为自己将对下属成员采取的行动打分**，而非直接针对成员的行为表现。也就是说，德勤的绩效评估不是依据组长对成员行为表现的看法，而是依据组长如何对待成员。
>
> - 根据对此人的了解，如果用我自己的钱为他支付奖金，我会给予其最高额的奖励（衡量所有表现，以及对组织的特殊贡献，选项从1分"强烈不同意"到5分"强烈同意"）。
> - 根据对此人的了解，我希望他能永远留在自己的团队工作（衡量与他人合作的能力，以同样的5分制选项打分）。
> - 此人濒临表现不佳的境地（判断可能有损客户或团队的问题，选择"是"与"否"）。
> - 此人如今已具备晋升条件（衡量潜力，选择"是"与"否"）。
>
> 根据打分结果，绘制形成员工绩效评估象限图，X轴表示"我会尽可能多给该组员奖励"，Y轴表示"我总是希望此人作为我的组员"。图11-13中每个小点代表一个人，上司可以点击任何小点，查阅姓名及其"绩效快照"的细节信息。

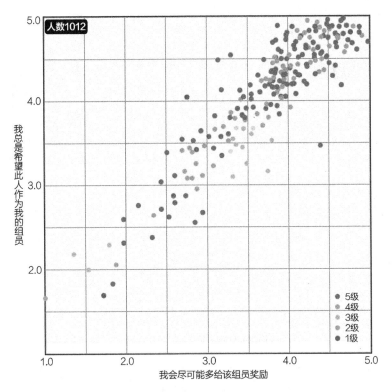

图 11-13 所有员工的绩效评估比较图

注：图中圆点代表员工，不同的灰度代表员工的不同职位等级，原点在图中的位置表示上司打算对这位员工采取的绩效行动。

5 级员工晋升分析图如图 11-14 所示。

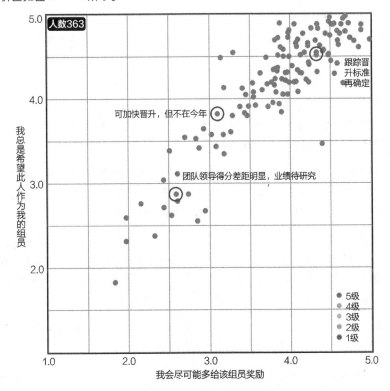

图 11-14 5 级员工晋升分析图

注：图中圆点代表员工，原点在图中的位置表示上司打算对这位员工采取的绩效行动。圆点越靠近右上角，说明上司越认可该员工的绩效表现。通过这张图，上司可确定每位员工未来是否该晋升。

5级员工的辅导分析图如图11-15所示。

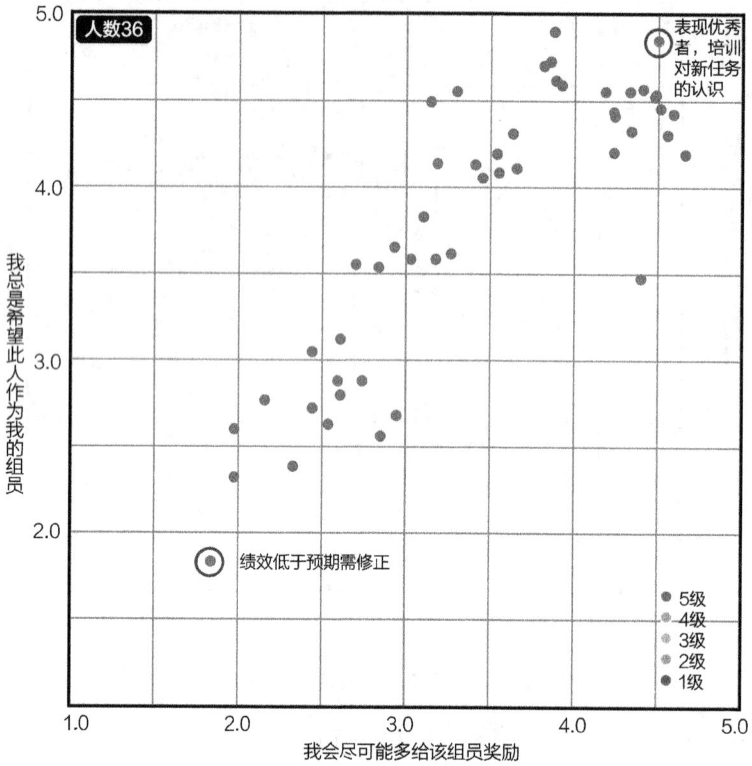

图 11-15　5 级员工的辅导分析图

注：图中圆点代表员工，原点在图中的位置，表示上司打算对这位员工采取的绩效行动。圆点越靠近左下角，说明上司越不认可该员工的绩效表现。通过这张图，上司可以帮助员工认清自己在团队中的绩效表现，以及未来的绩效改进该如何做。

2. 每周报到

德勤把重点放在实时沟通的**每周报到**和每季的**绩效快照**，这就像平时认真做好周报、月报、季报，到了年底的年报，只是一个总结的作业，平时就能及时发现和解决问题。

每周报到是为组长设计的一款绩效支持工具，因为沟通频率和下属成员积极性之间具有直接且可量化的关系。每周报到要求每名组长每周至少与下属成员沟通一次，沟通的内容完全会随着沟通频率变化而变化，同时，让每个下属成员都进行自我测评，然后由下属成员发起沟通，以获得渴望的指导和关注。

绩效快照意在衡量和奖励员工目前的行为表现，每周报到意在能持续改善员工的业绩。德勤关注三项与优秀团队密切相关的内容："**我的同事责任感强，工作质量高**""**我们公司的使命能够激励我**""**我每天都有机会发挥自己的长处**"，尤其是第三项，这一项的反响最强烈。这与孔子说的"**知之者不如好之者，好之者不如乐之者**"有相似的道理。

（资料来源：马库斯·白金汉（Marcus Buckingham），艾什利·古铎（Ashley Goodall），著. 刘铮筝等译. 重构绩效管理. 哈佛商业评论，2015年第4期）

优秀绩效＝潜能（能做什么）+行为过程（如何做）+结果（做到什么），绩效评价和改进更应该聚焦于行为和过程。

绩效反馈是绩效考核结束后，选择适当时机将考核结果告知被考核者，听取被考核者的意见和建议的过程。

绩效反馈的形式和方法有很多，比如设立意见箱、设置专门沟通渠道、主动征求建议、绩效面谈等，其中，绩效面谈是上司与员工面对面地征求建议、制定业绩改进方案的活动，是比较常用也是效果最好的方法。这种方法确保被考核者不但拥有知情权，更有了发言权，有效降低了考核过程中不公正因素（哪怕是被考核者主观认为的）所带来的负面效应。

> **理论：汉堡原理**
>
> 汉堡原理（Hamburger Approach），是指在进行绩效面谈的时候按照以下步骤进行：首先表扬特定的成就，给予真心的鼓励；然后提出需要改进的"特定"的行为表现；最后以肯定和支持结束。汉堡原理的作用在于提醒管理者，绩效面谈的作用在于帮助员工改善绩效，而不是抓住员工的错误和不足不放，因此，表扬优点，指出不足，然后肯定和鼓励，才是最佳的面谈步骤。
>
> **BEST 反馈法**
>
> BEST 是指进行绩效面谈的推荐步骤：描述行为（Behavior Description）—表达后果（Express Consequence）—征求意见（Solicit Input）—着眼未来（Talk about Positive Outcomes）。
>
> BEST 反馈法又叫"刹车"原理，是指在管理者指出问题所在，并描述了问题所带来的后果之后，在征询员工想法的时候，管理者就不要打断员工了，适时地"刹车"，然后，以聆听者的姿态，听取员工的想法，让员工充分发表自己的见解，发挥员工的积极性，鼓励员工自己寻求解决办法。最后，管理者再作点评总结即可。

基于绩效反馈的绩效面谈流程如下：

1. 准备沟通材料

回顾"职位说明书""计划工作表""绩效评估表"等；收集相关资料，包括日常的绩效观察、绩效跟踪记录，了解员工工作表现的 360 度评价情况；准备面谈提纲。

[强化学习] 翟桃子. 综艺打卡：奇葩说. 简书.

2. 陈述面谈目的

我们要清晰、明确地告知下属，沟通的目的在于反馈、激励、辅导，是对过去工作的回顾、总结，是为了更好地安排后续工作，对象是"事"而不是"人"。

3. 回顾员工表现

对照"职位说明书""计划工作表""绩效评估表"，对下属的能力、态度/情绪、绩效进行回顾，让下属认识到自己的工作与组织、部门目标之间的关系以及自己的完成情况。要注意事实准确翔实，描述客观公正，评价善意正面。

4. 反馈评估结果

这个考核结果必须是基于"职位说明书""计划工作表""绩效评估表"做出的，具有客观性、公正性，能够拿得出证据，让下属心服口服。当被考核人对自己的考核结果表示异议时，可以向考核委员会提出申诉。

不同员工在职位上的技能比较如图 11-16 所示。

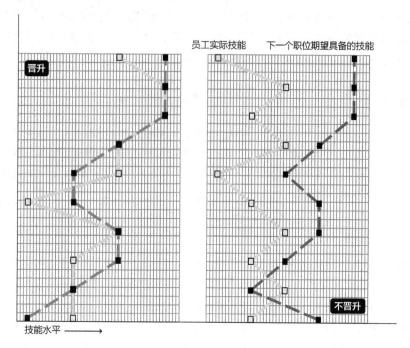

图 11-16　不同员工在职位上的技能比较

注：左右两边图形显示的是两位员工的技能表现，虚线表示未来职位要求的技能，实线表示员工在技能上的具体表现。左边员工的技能实际表现接近未来职位的要求，可晋升到新职位。右边员工的技能实际表现距离未来职位的要求有较大差距，不能晋升到新职位。

5. 听取下属意见

由于考核与被考核双方的角色、认知不同，对于考核结果的认可程度不一致是很正常的事。我们应以积极的态度、参与式的倾听，了解下属的想法、困难和期望，争取能够达成一致，指导下属进行绩效改进。

绩效诊断与改进

绩效诊断与改进就是分析引起各种绩效问题的原因，帮助员工制订绩效改善计划，作为整个绩效管理循环承上启下的环节。（详细内容在下一章中学习）

表 11-4 是×公司的员工绩效改进计划。

表 11-4　×公司员工绩效改进计划

姓　　名：		性　　别：		工　　号：		年　　龄：	
部　　门：人力资源部		职　　位：招聘专员		填表日期：		联系电话：	
待改善绩效描述：招聘达成率71%，与90%的目标有较大差距。经过绩效反馈后，原定目标不变							
序　号	改进行为		目　标		检　查		完成时间
1	到附近各个区县发布招聘资料		2 000 份		部长抽检		每周五12点前
2	在微信朋友圈发布招聘信息		100 次回复		部长抽检		每周五12点前

(续)

序 号	改 进 行 为	目 标	检 查	完 成 时 间
3	每周参加区域人才市场招聘会 3 次		部长抽检	招聘当天 12 点前
4			部长抽检	
5			部长抽检	
6			部长抽检	
7			部长抽检	
8			部长抽检	
9			部长抽检	

被考核者签字：　　　　　　直接上级签字：　　　　　　部门领导签字：

日期：　　　　　　　　　　日期：　　　　　　　　　　日期：

绩效结果可能不佳，该如何面对呢？查理·芒格从逆向开始思考问题。别人关心如何成功，他却关心为什么会有那么多人失败。失败这件事是好是坏，取决于你能否从中收获价值。他在《穷查理宝典》一书中把各种失败原因排列成正确决策的检查清单，帮你在决策上不犯重大错误。

[强化学习] 万维钢，李笑来，吴伯凡，李翔. 如何把失败变得有价值的清单. 微信公众号：罗辑思维. 2017 年 8 月 10 日.

学习笔记/评论

学习本知识技能点后，对其等级评价：　　+赞☆☆☆☆☆　　分享/转发☆☆☆☆☆

11.4 分享与评估

分享与交流

学习团队继续完成真实任务，提供任务单所要求的文档，并利用"完成情况评估图"，分别由自我、同伴、教师（师傅）进行评估。之后，将对本单元知识技能的理解（可采用 ORID 法进行学习回顾）、访问任务单中企业的概况、工作任务的完成结果、学习过程反思等制作成3~5分钟的高清"微视频",派代表在课上进行6~8分钟的分享交流,并由其他团队进行**同伴评价**。

完成情况评估

工作任务完成情况评估雷达图如图11-17所示。

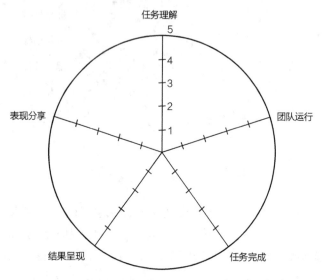

图11-17 工作任务完成情况评估雷达图

注:从"任务理解、团队运行、任务完成、结果呈现、表现分享"五个维度,对本工作任务学习及完成情况,分别由自我、同伴、教师(师傅)进行评估,用颜色笔以5分制(分值越大越好)将评估结果绘制在图11-17中。

学习反思

首先,与团队、个人学习目标进行逐一对比,以清单列表或思维导图,分解出已完成和未完成两部分;其次,用3~5个关键词描述自己团队在完成这项工作任务的过程中未能解决的问题与所遇障碍;最后,对照最佳团队,归纳自己团队未完成部分的主要原因与对应责任,提交反思报告。

问题与障碍:

单元测验（建议在30分钟内完成）

问题：总结本单元学习的知识与技能，归纳提炼为3~6个关键词，并用这些关键词绘制本单元的知识地图/思维导图。（得分 1 2 3 4 5）

问题：在绩效考核中，时常出现员工完成任务不愿超出目标太多（尤其是业绩类绩效指标）的情况，即使本身能够做得更好，也会因为怕下一个考核周期的目标被调高而不愿超额完成。作为上司，你如何破解员工的这种状态？用图表、数字列出其中的原因和解决问题的基本思路。（得分 1 2 3 4 5）

问题：梁滩河全长88千米，河流发源于重庆市九龙坡白市驿廖家沟水库，是嘉陵江下游右岸的一条主要支流，流经重庆市大学城附近陈家桥镇，也是被污染较为严重的河段。现在地方政府请你分段设置河长，怎样设计梁滩河陈家桥镇段的河长关键绩效指标，能够让河长有效确保山清水秀？（得分 1 2 3 4 5）

重庆梁滩河在沙坪坝区陈家桥镇段面

11.5 拓展学习

海底捞张勇谈管理

当有了管理和被管理，有了 KPI 之后，人的行为会失常。在 KPI 这件事上，我们是走过弯路的。

当张勇说，海底捞丢掉了所有的硬性 KPI，海底捞既要正规化管理也要非正规化管理，其实是在强调：管理有模式，无定式；讲严谨性，也讲艺术性。因为在这背后，绕不开人性。

……

（资料来源：餐饮老板内参. 海底捞张勇谈管理. 搜狐网.）

> **要求**：在网上搜索并仔细完整地阅读这篇文章，之后用 2~4 个关键词归纳作者所表达的核心意思，再用图或表描述这篇文章与本章所学的哪些知识是相关的。

11.6 下一个工作任务

预学习"**第 12 章　绩效改进**"。教师将课程数字化资源上传到选定的在线学习平台，要求学习者进入"真实工作任务"环节，与自己所在团队成员开始新的管理活动。

第 12 章　绩效改进

任务单：中国银联 "云闪付" 产品市场拓展绩效管理

中国银联"云闪付"App 作为统一入口，汇聚银联及各大银行的支付工具、支付场景及特色服务，主要体现为以下四大主要特征：开放式平台全连接、统一入口全打通、多元场景全覆盖、特色服务体系全汇聚。

银行营业厅

任务：你被某银行选作"云闪付"重庆市大学城市场经理，负责通过银行营业厅推广"云闪付"业务，在两周内制订出本年度的绩效改进方案。

12.1 真实任务练习

任务解析

> **团队对任务单中问题的理解：**
>
>
>
> **教师对任务单中问题的理解：**
>
> 这个任务的具体工作是做"银联云闪付二维码"产品市场推广的绩效回顾，尤其是与竞争对手支付宝和微信支付的市场份额比较，结果是找出绩效改进的思路、编制绩效改进方案与员工发展计划（文档）。
>
> **预备知识与技能：** 会使用思维导图、会使用阿里"钉钉"App、了解银行卡基本知识、会典型商业应用文写作。
>
> **新知识：** 行为工程模型（BEM）、员工发展计划。

拟定学习目标

> **课程学习目标：**
>
> 形成务实严谨的工作态度与良好的人际关系，使用数学或结构化逻辑思维分析与理解问题，文字组织条理清晰、表达流畅；能够恰当运用绩效结果、完成绩效诊断、制订员工发展计划。
>
> **个人学习目标：**
>
>

编制团队工作（学习）计划

团队共同讨论制订完成本期工作任务的计划，并填写在表 12-1 中。

表 12-1 团队工作（学习）计划表

年 月 日— 年 月 日

周日	周一	周二	周三	周四	周五	周六
周日	周一	周二	周三	周四	周五	周六

完成情况初步评估

工作任务完成情况评估雷达图（范例）如图 12-1 所示。

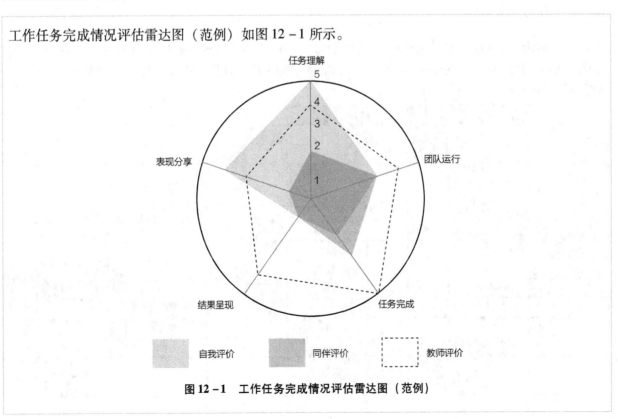

图 12-1　工作任务完成情况评估雷达图（范例）

工作任务完成情况评估雷达图如图 12-2 所示。

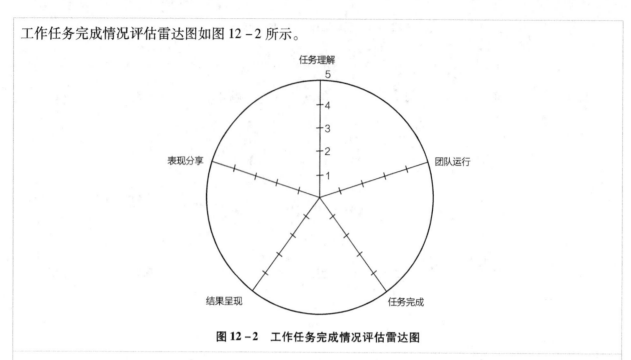

图 12-2　工作任务完成情况评估雷达图

注：从"任务理解、团队运行、任务完成、结果呈现、表现分享"五个维度，对本工作任务学习及完成情况，分别由自我、同伴、教师（师傅）进行评估，用颜色笔以 5 分制（分值越大越好）将评估结果绘制在图 12-2 上。

12.2　破冰游戏

这是一个拼图游戏（如图 12-3 所示），请在图 12-3a 的方格中寻找与图 12-3b 和图 12-3c 相同形状属性的图形，并用彩色笔或线框标记出来。（或随机选择一位同学讲一个不超过 5 分钟的故事，请其他同学点评。）

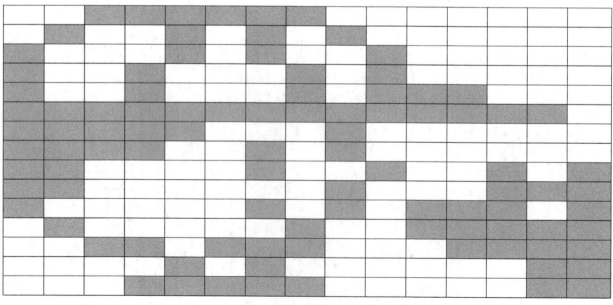

a)

图 12-3　拼图游戏

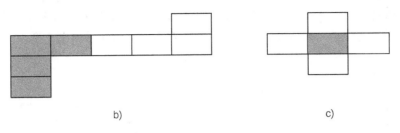

图12-3 拼图游戏(续)

12.3 新知识技能学习

绩效结果运用
绩效诊断
制订员工发展计划

绩效结果运用

绩效考核结果的应用是在绩效评估后,将考核结果进行处理与分级。绩效考核的目的在于区分(Discrimination)、奖励(Reward)、发展(Development)、反馈(Feedback),因此,考核结果主要应用于以下几个方面:

- 作为提出工作改进意见的依据。
- 作为工资晋级和绩效奖金发放的依据。
- 作为其他形式奖励的依据,特别奖、福利、期权等。
- 作为晋升、降职、异动、淘汰的依据。
- 作为管理者职业发展的依据,根据其业绩表现,综合其能力、潜力进行相应的培养、发展、使用等。

[强化学习] 陈智刚,博锋. 灰度管理 [M]. 北京:科学出版社,2011.

员工的绩效考核结果往往呈现正态分布,处于末尾的10%通常会被列入淘汰的范围。美国通用电气公司(General Electric Company,GE)前首席执行官杰克·韦尔奇(Jack Welch)提出了差异化管理(Differentiation),每年将员工划分为最顶尖的前20%、中间的70%和垫底的10%,前20%的员工享有丰富的资源和奖励,中间的70%则拥有充分的培训机会和正面回馈,而最后的10%必须收拾东西走人。

是否任何企业的员工绩效表现都呈现正态分布呢?欧内斯特·奥博伊尔(Ernest O'Boyle)和赫尔曼·阿吉斯(Herman Aguinis)在2011—2012年开展的调查(633 263名研究人员、演艺人员、政治家和运动员,共198份样本)表明,样本人群的绩效表现更符合"幂定律"的指数分布,说明不同类型的员工绩效表现分布有差异。如图12-4所示。

无论员工绩效分布怎样,辞退员工总是有些残忍。那么,该如何请员工离开?美国通用电气公司、印度电子商务平台Flipkart公司等企业的这些做法值得尝试:差异化管理——让末尾10%的员工离开,坦率沟通——让离开的员工有心理准备，重振士气——消除留下员工的不安情绪，照顾离职者——裁员补助。这表明公司重视每位员工的价值，以此提升员工对组织的信任感和忠诚度。

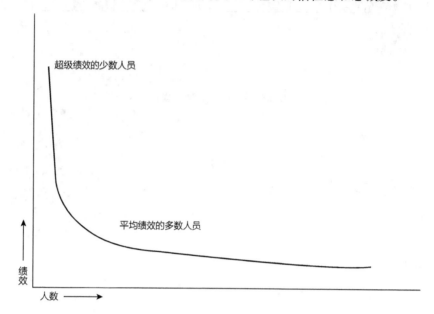

图12-4　绩效表现符合"幂定律"的长尾分布

学习笔记/评论

学习本知识技能点后，对其等级评价：　+赞☆☆☆☆☆　分享/转发☆☆☆☆☆

绩效诊断

绩效结果出来之后需要进行绩效诊断，绩效诊断分两个方面进行，一是对组织所采用的绩效管理机制与方式进行诊断（**组织绩效**），二是对员工本绩效周期内存在的绩效问题进行诊断（**员工绩效**），形成改进意见。也就是说，绩效的改进可能是员工个人需要改，也可能是绩效管理需要改。

托马斯·F. 吉尔伯特（Thomas F. Gilbert）的研究发现，影响一个团队绩效的主要因素可以分为环境因素和个人因素两大类：前者主要包括信息、资源、奖励、后续结果；后者包括知识、技能、能力、动机。人们将这些结论归纳为行为工程模型（Behavioral Engineering Model，BEM），如图12-5所示。

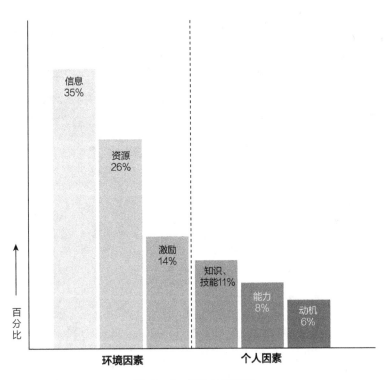

图 12-5　行为工程模型

该模型建议采用头脑风暴小组对自己以及员工同时展开分析，对比研究以找出绩效方面存在的问题和原因。其工作流程为：

(1) **破冰**　在员工与管理者之间建立信任感。

(2) **现状分析**　采用"你能否把工作做得更出色一些？""让我们发现提升绩效的更多可能性和'资源'"这样的问题，引导每位员工自我发现绩效表现的**问题**；然后，与内部最优水平或者行业最佳水平进行对比，找到绩效目标和绩效现状之间的**差距**。

(3) 引导对方寻找问题背后的**原因**　什么束缚了你，阻碍你绩效的因素是什么？

人习惯于给自己找借口、习惯于从外部找原因的本能反应，在进行原因分析之前，我们首先要进行原因的转换，把客观的原因变成主观的，把外部的原因变成内部的，把别人的原因变成自己的。

按照行为工程模型，对原因进行归类；然后，再对照已经找到的原因查漏补缺；最后，我们可以利用冰山分析法，通过客观的计算和对比，找到导致问题的根本原因。

采用即时贴归纳原因如图 12-6 所示。

(4) **提出解决方案/选择措施**，通过"如果……的话，我可以表现得更好；我了解公司对自己工作的确切期望，而且有更明确的工作反馈和更畅通的信息渠道"思维引导，找出干预措施。干预措施是有意识地促进绩效变革的行动。最后，设计干预措施的实施流程。

(5) 利用行为工程模型进行汇总整理，形成组织绩效诊断与改进方案（文本）。

[强化学习] 达纳·盖恩斯·罗宾逊. 绩效咨询 [M]. 易虹，张雪瓴，译. 3 版. 北京：电子工业出版社，2016.

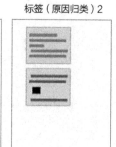
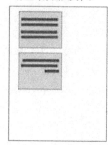
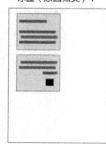

图12-6 即时贴归纳原因

[练习]

随着中国城市化发展，城市里面的违法建筑也越来越多，各个地方政府也把整治违法建筑作为重要工作。观察你所在地附近的违法建筑，拜访你所在地的社区管理者，了解整治违法建筑的考核指标，尝试对社区整治违法建筑的绩效进行诊断，整理出结果提交给社区参考。

学习笔记/评论

学习本知识技能点后，对其等级评价： +赞☆☆☆☆☆　分享/转发☆☆☆☆☆

制订员工发展计划

对自己以及员工本绩效周期内存在绩效不足进行诊断,找出差距、分析原因与制定整改措施,以便在下一个绩效周期内做出改进。其中,员工发展计划是重要的工具手段。员工发展计划的编制流程如图 12-7 所示。

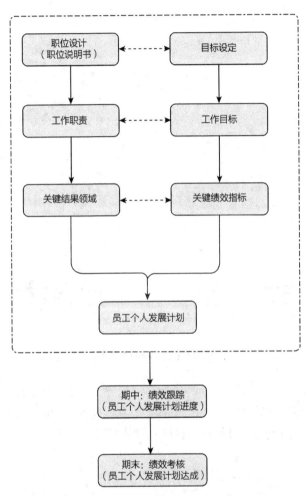

图 12-7　员工发展计划编制流程

员工发展计划(Individual Development Plan,IDP)是指结合员工所在职位需要及个人发展意向,经部门主管与员工双方沟通,达成促使员工自身素质、技能提高的个人自我发展计划。其内容可以包括参加培训、特别指导、指派特别项目、岗位轮换等,目的是要让员工胜任工作职责与达成工作目标,通常以一年为期进行规划与发展。

从员工的角度出发,员工发展计划可视为一个完整且系统化的方案,是将个人发展的责任,交还给员工本身。员工发展计划强调个人的自主性,重视个人价值,鼓励员工自主地追求成长,但又能够通过员工成长进而达成目标的组织。

[**强化学习**] 陈春花. 管理的常识:让管理发挥绩效的 8 个基本概念 [M]. 北京:机械工业出版社,2016.

员工发展计划的实施流程如下:

(1) 管理者根据绩效考核结果将员工分类,从职业生涯发展、绩效维持、绩效改善与绩效辅导 4 种发展类型中，提出不同员工的发展计划的方向建议。如图 12-8 所示。

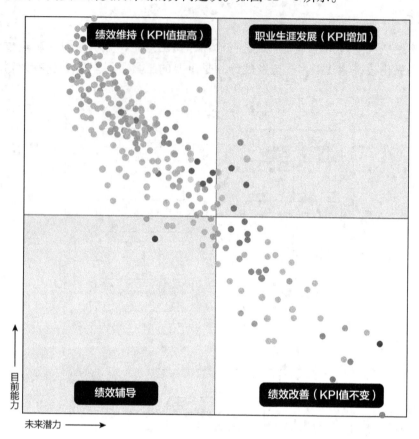

图 12-8　根据员工分类设置不同的发展目标

（2）通过技能评鉴选择员工待发展的项目，或者采用威廉·A. 希曼（William A. Schiemann）和克雷格·丁赛尔（Craig Dinsell）创立的 ACE 人力价值框架，从匹配性（Alignment）、能力（Capabilities）、敬业度（Engagement）三个维度来帮助员工选择待发展的项目，如图 12-9 所示。

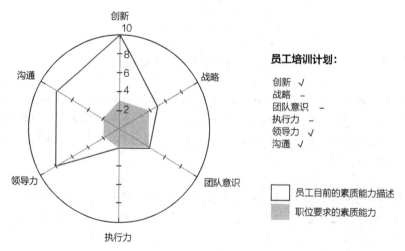

图 12-9　制订员工培训计划

（3）与员工共同协商确定员工的具体发展模式，典型的发展模式分为四种：训练学习、经验学习、人脉学习与自我学习。

(4) 编写员工发展计划的文本，主要结构应该包括工作目标、职能落差、发展计划与训练需求。然后，经过主管讨论与确认。员工发展计划参考模板见表12-2。

表12-2 员工发展计划参考模板

我当前的状态是什么？	
我的优势是什么？	优势 1. 2. 3.
我的劣势是什么？	劣势 1. 2. 3.
来自企业的反馈是什么？	反馈 1. 2. 3.
企业关注的绩效指标是什么？	绩效指标 1. 2. 3.
我期望的状态是什么？	
我期望什么？企业目标是什么？	期望状态 1. 2. 3.
为什么我想要实现这个期望？它给我和企业带来了什么？	为什么我希望这样做？ 1. 2. 3.
我怎样才能到达理想状态？需要什么？	
实现期望状态必需的改进、学习和经验是什么？	条件 1. 2. 3.
改进、学习和经验积累可能用到的资源是什么？	资源 1. 2. 3.
设定时间表	
设置短期、中期和长期目标的时间表，使用日程和图表作有效时间管理，以周作时间规划。如果觉得有必要，在短期目标之间设置里程碑。	

怎么在工作中快速学习，获得晋升？

很多人都纳闷儿：都在一个公司干活儿，为什么有些人就晋升得那么快？差别就在于：他们善于学习，遇事积极主动，从未把自己当作过客。比如，想获得老板青睐，聪明人的逻辑是：

- 主动沟通，必要时寻求帮助。
- 承担更多、更重要的任务。
- 每隔一段时间创造一个惊喜。

再如，很多人焦虑自己在职场中成长得不够快，过来人的经验是：

- 向高手讨教。
- 绕开职场陷阱，少犯错误。
- 明确做事的目的：为自己而不是为公司或者他人。
- 注重长期效益，把事情放到 2~3 年的时间周期里来衡量。

（资料来源：吴军. 怎么在工作中快速学习，获得晋升？得到 App.）

[练习]

选择到自己附近的养老院或幼儿园做一天义工，体验护理员、保育员的工作，在与护理员、保育员沟通后，拟订他们的个人发展计划。

幼儿园

学习笔记/评论

学习本知识技能点后，对其等级评价：　+赞☆☆☆☆☆　分享/转发☆☆☆☆☆

12.4　分享与评估

分享与交流

学习团队继续完成真实任务，提供任务单所要求的文档，并利用"完成情况评估图"，分别由自我、同伴、教师（师傅）进行评估。之后，将对本单元知识技能的理解（可采用ORID法进行学习回顾）、访问任务单中企业的概况、工作任务的完成结果、学习过程反思等制作成3~5分钟的高清"**微视频**"，派代表在课上进行6~8分钟的分享交流，并由其他团队进行**同伴评价**。

完成情况评估

工作任务完成情况评估雷达图如图12-10所示。

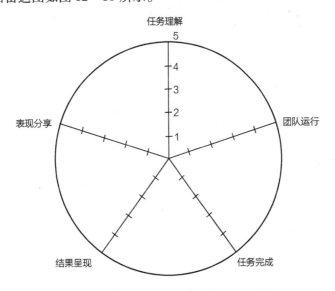

图12-10　工作任务完成情况评估雷达图

注：从"任务理解、团队运行、任务完成、结果呈现、表现分享"五个维度，对本工作任务学习及完成情况，分别由自我、同伴、教师（师傅）进行评估，用颜色笔以5分制（分值越大越好）将评估结果绘制在图12-11中。

学习反思

首先，与团队、个人学习目标进行逐一对比，以清单列表或思维导图，分解出已完成和未完成两部分；其次，用3~5个关键词描述自己团队在完成这项工作任务的过程中未能解决的问题与所遇障碍；最后，对照最佳团队，归纳自己团队未完成部分的主要原因与对应责任，提交反思报告。

问题与障碍：

单元测验（建议在30分钟内完成）

问题：总结本单元学习的知识与技能，归纳提炼为3~6个关键词，并用这些关键词绘制本单元的知识地图/思维导图。（得分 1　2　3　4　5）

问题：菜鸟驿站是面向消费者的综合物流服务平台，致力完善最后100米多元化末端服务，分校园和社区两类。使用你附近的菜鸟驿站收发包裹，再拜访其负责人，交流绩效管理问题，对其绩效管理进行快速诊断，并给出诊断结果。（得分 1　2　3　4　5）

问题：越来越多的大学引入专业物业管理公司提供保安、清洁等服务。观察和拜访你所在学校教学楼的保洁阿姨，以教学大楼保洁组长身份制订保洁阿姨的个人发展计划。（得分 1　2　3　4　5）

12.5　拓展学习

阿里 HR 全揭秘：阿里面试、晋升、层级、培训体系

在阿里巴巴集团，人被视为最宝贵的财富。如何将每一位阿里人的个人能力成长融为持续的组织创新实践、集体文化传承，是对阿里巴巴集团建立学习型组织的基本要求。

因此，与阿里成长历程伴生的，是一个坚持"知行合一"的学习体系。阿里巴巴集团的学习体系分为 4 个部分：**新人系、专业系、管理系以及在线学习平台**。

（资料来源：天机. 阿里 HR 全揭秘：阿里面试、晋升、层级、培训体系. 搜狐网.）

要求：在网上搜索并仔细完整地阅读这篇文章，之后用 2~4 个关键词归纳作者所表达的核心意思，再用图或表描述这篇文章与本章所学的哪些知识是相关的。

附录

附录A 盖洛普Q12员工敬业度测评量表 // 224

附录B 你的沟通能力如何？// 226

附录C 托马斯-基尔曼冲突方式量表 // 228

附录D 组织氛围调查问卷 // 231

附录 A 盖洛普 Q12 员工敬业度测评量表

盖洛普 Q12 采用 5 点量表，请正确表达对自己工作的判断，从非常不同意 1、不同意 2、不清楚 3、同意 4、非常同意 5 中选择与自己最接近的选项。

1. 我知道公司对我的工作要求

要求是我们衡量自身进步的里程碑，知道公司对自己的要求如同知道通往成功的路径。

2. 我有做好我的工作所需要的材料和设备

向员工提供做好工作所需的材料和设备是支持员工工作的首要行为，同时也是最大限度发挥员工潜力的前提。

3. 在工作中，我每天都有机会做我最擅长的事

员工只有在工作中用其所长时，才能充分发挥其潜力。当一个员工的天生优势与其所任工作相吻合时，他就可能出类拔萃。知人善任是当今公司和经理们面临的最重要挑战。

4. 在过去的 7 天里，我因工作出色受到表扬

认可和表扬如同建设良好工作环境的砖和瓦。我们作为个人都需要获得认可，以及由此而生的成就感。表扬已成为一种有效的与员工沟通的方式。

5. 我觉得我的主管或同事关心我的个人情况

离职的员工并不是要离开公司，而是要离开他们的经理和主管，在现在的公司管理中，经理和主管对员工的影响很大。对员工的关心可以增加双方的信任度，而这种信任会左右员工对公司的看法。

6. 工作单位有人鼓励我的发展

我们的工作使我们有机会每天接触新情况和发现新方法来迎接挑战。盖洛普发现，在今天的工作场所，终生受雇于一家公司已过时。新的重点是终生就业机会。优秀的经理们会挖掘员工的自身优势、才干并鼓励他们在适合自己的方向上发展。

7. 在工作中，我觉得我的意见受到重视

所有员工都希望他们的意见受到公司的重视，而是否使员工有此种感觉又取决于公司如何倾听和对待他们的意见。这个问题往往被称为员工的"内部股价"。它测量员工对工作和公司所产生的价值感，并能增强员工对公司的信心。

8. 公司的使命（目标）使我觉得我的工作很重要

员工如果能将公司的价值、目标和使命与他们自己的价值相联系，就会有很强的归属感和目标感。如果员工认为他的工作对公司整体目标很重要，这将增强他的成就感。

9. 我的同事们致力于高质量的工作

员工对工作质量的精益求精也是影响团队业绩的关键因素。员工高质量的工作能增强团队精神，继而在整体上提高效率和改进质量。

10. 我在工作单位有一个最要好的朋友

高质量的人际关系组成一个良好的工作场所，良好的工作场所会帮助员工建立对公司的忠诚度。公司往往关注员工对公司的忠诚度，然而，优秀的公司领导认识到，忠诚度同样存在于员工之间。员工之间关系的深度对员工的去留会产生决定性的影响。

11. 在过去的 6 个月内，工作单位有人和我谈及我的进步

员工往往并不了解他们的才干在具体行为中会如何表现，他们需要从经理那里获得反馈来发挥才干和产生效益。优秀的经理常常会不断地与员工进行工作交流，并会谈及员工的进步，帮助员工认识和理解他具有的才干以及如何在每天的工作中将才能发挥出来。

12. 过去的一年里，我在工作中有机会学习和成长

学习和成长是人类的天然需要。学习和成长的一个途径就是寻找更有效的工作方法。

附录 B 你的沟通能力如何？

请用你现在的状态来回答以下问题，注意不要用你理想中的状态来回答。测试共分两个部分，计分方法不同。（不要猜测哪个是正向，哪个是反向。）

第一部分　（完全没有、偶尔、有时、经常、非常频繁分别计 1、2、3、4、5 分）

1. 在沟通中，我会尽量预想出有可能使对方困惑的原因，然后首先解决它们。

2. 当人们和我聊天的时候，我会试图从他们的角度出发来看问题。

3. 和他人聊天时，我格外注意他们的肢体语言。

4. 我会用图表和表格来帮助自己表达观点。

5. 在沟通之前，我会考虑对方需要知道什么，以及传递信息的最好方式是什么。

6. 在我发出信息之前，我会考虑应采用哪种方式，是面对面、电话、邮件还是其他方式。

7. 我试图帮助人们懂得我的话语背后隐含的意义，这会减少误会，增进理解。

8. 当计划沟通时，我会考虑到文化差异。

第二部分　（完全没有、偶尔、有时、经常、非常频繁分别计 5、4、3、2、1 分）

9. 当我写备忘录、邮件或其他文件时，我会给出能给到的所有背景信息和细节，确认我的信息被理解了。

10. 如果我没有能够理解一件事，我倾向于将问题留给自己解决，用自己的努力慢慢弄清楚它。

11. 我惊讶于人们有时会没有听懂我说的话。

12. 我会表达出我的想法，不会太在意别人对此有什么样的感觉。我认为这些事情可以之后再解决。

13. 在沟通复杂的事项时，我会选择用电子邮件，因为它快速且高效。

14. 当我们完成了一份报告、备忘录或邮件时，我会很快地检查有没有错别字，然后马上发出去。

15. 当别人和我说话时，我会思考下一步要说什么，以确保我能够正确地传达观点。

测试结果

将两个部分测试得分求和,如果得分为

15~35 分:沟通能力不合格,你需要再努力增进一下沟通技巧了。你很难清晰地表达自己,也可能不能准确接受他人的意见。

36~55 分:沟通能力合格,你是一个基本合格的沟通者,但有时也会出现问题。

56~75 分:沟通能力优秀,无论是在发出还是接受信息上,你都是一个优秀的沟通者。

附录 C 托马斯－基尔曼冲突方式量表

请想象一下你的观点与另一个人的观点产生分歧的情景。在此情况下你通常会做出怎样的反应？下列 30 对陈述句描写了可能出现的行为反应，在每一对陈述句中，请在最恰当地描述了你自己行为特点的字母"A"或"B"上画圈。（在很多情况下，A 和 B 都不能典型地体现你的行为特点，但请选择较可能在你身上发生的反应。）

1. A. 有时我让其他人承担解决问题的责任
   B. 与其协商分歧之处，我试图强调我们的共同之处

2. A. 我试图找到一个妥协性解决方法
   B. 我试图考虑到我与他所关心的所有方面

3. A. 我通常坚定地追求自己的目标
   B. 我可能尝试缓和对方的情感来保持我们的关系

4. A. 我试图找到一个妥协性方案
   B. 我有时牺牲自己的意志，而成全他人的愿望

5. A. 在制订解决方案时，我总是求得对方的协助
   B. 为避免不利的紧张状态，我会做一些必要的努力

6. A. 我努力避免为自己制造不愉快
   B. 我努力使自己的立场获胜

7. A. 我试图推迟对问题的处理，使自己有时间考虑一番
   B. 我放弃某些目标作为交换以获得其他目标

8. A. 我通常坚定地追求自己的目标
   B. 我试图将问题的所有方面尽快摆在桌面上

9. A. 感到意见分歧不总是令人担心
   B. 为达到我的目的，我做一些努力

10. A. 我坚定地追求自己的目标
    B. 我试图找到一个妥协方案

11. A. 我试图将问题的所有方面尽快摆到桌面上
    B. 我可能努力缓和他人的情感从而维持我们的关系

12. A. 我有时避免选择可能产生矛盾的立场
    B. 如果对方做一些妥协，我也将有所妥协

13. A. 我采取折中的方案
    B. 我极力阐明自己的观点

14. A. 我告知对方我的观点，询问他的观点
    B. 我试图将自己立场的逻辑和利益展示给对方

15. A. 我可能试图缓和他人的情感从而维持我们的关系
    B. 为避免紧张状态，我会做一些必要的努力

16. A. 我试图不伤害他人的感情
    B. 我试图劝说对方接受我的观点的优势

17. A. 我通常坚定地追求自己的目标
    B. 为避免不利的紧张状态，我会做一些必要的努力

18. A. 如果能使对方愉快，我可能让他保留自己的观点
    B. 如对方有所妥协，我也将做一些妥协

19. A. 我试图将问题的所有方面尽快摆在桌面上
    B. 我试图推迟对问题的处理，使自己有时间做一番考虑

20. A. 我试图立即对分歧之处进行协调
    B. 我试图为我们双方找到一个公平的得失组合

21. A. 在进行谈判调解时，我试图考虑到对方的愿望
    B. 我总是倾向于对问题进行直接商讨

22. A. 我试图找到一个介于我与对方之间的位置
    B. 我极力主张自己的愿望

23. A. 我经常尽量满足我们双方所有的愿望
    B. 有时我让他人承担解决问题的责任

24. A. 如果对方的观点似乎对其十分重要，我会试图满足他（她）的愿望
    B. 我试图使对方以妥协解决问题

25. A. 我试图将自己立场的逻辑和利益展示给对方
    B. 在进行谈判调解时，我试图考虑到对方的愿望

26. A. 我采取折中的方案
    B. 我几乎总是关心满足我们所有的愿望

27. A. 我有时避免采取可能产生矛盾的姿态
    B. 如果能使对方愉快，我可能让对方保留其观点

28. A. 我通常坚定地追求自己的目标
    B. 在找出解决方案时，我通常求得对方的帮助

29. A. 我采取折中的方案
    B. 我觉得分歧之处并非总是让人担心

30. A. 我试图不伤害对方的情感
    B. 我总是与对方共同承担解决问题的责任

在每个问题中所选的字母上画圈：

	竞争	合作	妥协	回避	迁就
1.				A	B
2.		B	A		
3.	A				B
4.			A		B
5.		A	B		
6.	B			A	
7.			B	A	
8.	A	B			
9.	B			A	
10.	A		B		
11.		A			B
12.			B	A	
13.	B		A		
14.	B	A			
15.				B	A
16.	B				A
17.	A			B	
18.			B		A
19.		A		B	
20.		A	B		
21.		B			A
22.	B		A		
23.		A		B	
24.			B		A
25.	A				B
26.		B	A		
27.				A	B
28.	A	B			
29.			A	B	
30.		B			A
累计	竞争 （强加于人）	合作 （解决问题）	妥协 （分享分担）	回避 （退缩逃避）	迁就 （息事宁人）

将个人测量结果与做过该测试的其他人进行比较，评估冲突处理方式与你相同的人有多少。

附录 D 组织氛围调查问卷

（问卷中 1~5 表示被调查者认可程度，具体使用流程参见前面正文）

1. ［明确性］我非常清楚地知道部门和自己的工作目标
   目前状况 1 2 3 4 5
   理想状况 1 2 3 4 5

2. ［明确性］我完全清楚自己的职责，并有足够的资源完成工作
   目前状况 1 2 3 4 5
   理想状况 1 2 3 4 5

3. ［进取性］公司和部门不能接受员工表现普通
   目前状况 1 2 3 4 5
   理想状况 1 2 3 4 5

4. ［进取性］我非常清楚地知道部门和自己的工作目标，并认为具有一定的挑战性
   目前状况 1 2 3 4 5
   理想状况 1 2 3 4 5

5. ［责任性］我有做好本职工作的空间和自由度，无须事事请示上司
   目前状况 1 2 3 4 5
   理想状况 1 2 3 4 5

6. ［责任性］上级领导鼓励员工靠自己解决问题
   目前状况 1 2 3 4 5
   理想状况 1 2 3 4 5

7. ［灵活性］我认为公司流程简单、高效，政策合理，不会阻碍我们的工作
   目前状况 1 2 3 4 5
   理想状况 1 2 3 4 5

8. ［灵活性］我的意见在公司或部门能得到重视
   目前状况 1 2 3 4 5
   理想状况 1 2 3 4 5

9. ［凝聚性］我愿意为完成工作目标付出额外的劳动
   目前状况 1 2 3 4 5
   理想状况 1 2 3 4 5

10. ［凝聚性］我为在公司工作感到自豪
    目前状况 1 2 3 4 5
    理想状况 1 2 3 4 5

11. ［凝聚性］当我需要帮助时，同事们会给我支持
    目前状况 1 2 3 4 5
    理想状况 1 2 3 4 5

12. ［凝聚性］我和我的同事在工作中充满激情
    目前状况 1 2 3 4 5
    理想状况 1 2 3 4 5

13. ［凝聚性］我的同事在工作中始终能保持积极正向的工作状态
    目前状况 1 2 3 4 5
    理想状况 1 2 3 4 5

14. ［凝聚性］我的同事经常称赞自己的部门或公司
    目前状况 1 2 3 4 5
    理想状况 1 2 3 4 5

15. ［激励性］我对公司的福利待遇很满意
    目前状况 1 2 3 4 5
    理想状况 1 2 3 4 5

16. ［激励性］在过去的7天里，我因工作出色而受到表扬
    目前状况 1 2 3 4 5
    理想状况 1 2 3 4 5

17. ［激励性］我觉得公司是以正向激励的方式表扬员工，以业绩为导向认可员工
    目前状况 1 2 3 4 5
    理想状况 1 2 3 4 5

18. ［激励性］在过去的一年里，我在工作中有机会学习和成长
    目前状况 1 2 3 4 5
    理想状况 1 2 3 4 5

19. ［激励性］我对公司的考核制度很满意，能正确评估我的业绩
    目前状况 1 2 3 4 5
    理想状况 1 2 3 4 5

20. ［激励性］晋升体系有助于表现好和业绩好的人得到升迁
    目前状况 1 2 3 4 5
    理想状况 1 2 3 4 5